三聯學術文庫

中國何以穩定

來 自 田 野 的 觀 察 與 思 考

閻小駿 ／ 著

出版說明

　　上世紀八十年代以來的中文學術出版，從以譯介西方學術和思想精華為主，逐漸發展至開掘本土學術資源與引進世界級學術成果並重。在過去三十年間，學科體系漸趨完備，中文原創學術作品與論述體系已成規模，學術出版也因此而獲得源源不斷的知識資源。

　　三聯書店素負有「傳播新銳思想、弘揚中國文化」的使命，自三十餘年前便開始出版不少學術系列叢書，如「近代中國學術名著叢書」、「三聯精選・學術系列」、「西方文化叢書」等。當時的出版風格已相當超前，不拘囿於學科界限，為我們今天的學術出版打下了堅實的基礎。在中西文化交匯、多元學術價值並存的今日之香港，傳承和發揚這一獨特的出版傳統，並使之在與外部世界的對話中迸發出新的火花，是我們的使命，更是夙願。

　　「三聯學術文庫」正是為發揚這一傳統而新設立的開放、多元、自由的學術出版平台。文庫收入人文與社會科學領域的海內外中青年學者以中文寫作、富有學術創見的原創專著，每年分輯推出。作品需交由學術專家評審通過，並符合學術規範，方可入

選。文庫以嚴格的標準接納多元思維，尤其強調作品能夠體現新視角、新見解或是新的研究方法。

學術研究對於世界的意義，從來不限於在經濟、社會及文化上提供量化的價值。儘管世界在急遽變化，思想卻愈需要空間去沉澱。學術研究是複雜且糾結、漫長且孤獨的過程，我們願一如既往，鼓勵和襄助海內外優秀學者，將他們歷經多年思考與積澱的論述，以樸實而典雅的形式，凝聚為充實而有光輝的著作，呈現於讀者面前，真正實現以學術出版引領社會思潮。我們期待海內外學人不吝賜稿、充實文庫，在當代學術史上劃下光亮的軌跡。

三聯書店（香港）有限公司編輯部

作者與村民代表座談（左一為中國社會科學院農村發展研究所陸雷副研究員，左二為作者）

作者在華北農村調查研究（左一為作者）

作者主持召開村民代表座談會（右三為作者）

作者與村民代表座談（左一為作者）

序

　　在過去的數十年中，閻小駿教授始終孜孜不倦地在中國城鄉開展極富開創性的田野調查研究工作。這部著作，將閻教授在其多年田野工作中所積累的寶貴所得彙集成編 —— 其中絕大多數成果都曾以英文在國際主要學術期刊上發表過，並獲得學界認可；此次以繁體中文形式出版，必當引起廣大華文讀者的濃厚興趣。對於任何真切關心中國基層政治動力及其對政權穩定之影響的人士而言，本書都理應是必讀書目。

　　閻小駿所從事的極富前沿性的田野工作，一開始便集中於改革開放時代中國共產黨為吸納具有潛在不穩定可能的新型社會群體所進行的政治實踐。中國共產黨基層組織將農村私營企業主擢拔為村黨支部書記即是這些實踐中的一例。這些「企業家型村支書」的教育背景和從商經驗都使他們比傳統一代的「貧下中農幹部」更能適應改革開放時代中國基層變化了的政治、經濟和社會環境。中國共產黨的統一戰線及其組織平台 —— 人民政協，則是另外一個例子。統一戰線和人民政協為國家和社會之間的政策協調提供了平台，亦為黨和政府觀察及有選擇地贖買社會菁英

提供了渠道。在過去近四十年時間裡，中國社會在「改革開放」的旗幟下經歷了深刻變遷，也因之而孕育出各種具備潛在政治威脅性的新社會力量。充分理解和準確評估中國共產黨識別、吸收與化解這些新社會力量的能力，實乃是瞭解中國政權韌性之關鍵環節。

政權鞏固性的另一個緊要環節自然需從國家機器自身中尋找。近年來，閻教授的研究視界逐步從政治吸納轉移到政治控制，其聚焦點在於中國黨和政府為了預先防範大學生和其他關鍵社會群體中可能出現的不穩定因素而逐步建設起來的社會面管控機制。在大學校園方面，閻小駿的研究展示了諸如政治輔導員、思想政治教育、學生社團管理以及敏感期管控等一系列重要措施如何有助於提高中國大學生群體的政治穩定度。而在農村地區 —— 亦如閻教授所解析的那樣 —— 地方維穩系統更是由幹部考核機制、潛在社會矛盾識別和管控機制、社會糾紛調處機制，以及不同層級、不同轄區的黨政部門相互密切配合協調而構成的一個極為複雜的制度性網絡。

閻小駿教授的新著在關涉中國共產黨執政穩固性的一系列複雜而又相互重疊的關鍵問題上提供了廣博而深刻的知見。在這方面，他所採用的研究方法與西方政治學家當前對於中華人民共和國的主流研究徑路相當一致。儘管過去幾代政治學家都曾試圖將中國與其他發展中國家進行對比，這種對比當下恐怕已經絕少再被提及（唯一的例外是印度；印度與中國相似的人口和國土

規模仍使學者們有興趣對這兩個亞洲大國的不同發展戰略進行對比）。今天，無論是比較政治學學者還是中國政治專家都更可能將中國與其他過往或尚存的社會主義國家或者更廣泛意義上的威權主義國家進行比較，以尋求解答關於政權適應性和政權韌性（而非經濟發展的成功與失敗）的諸多疑問。當下，如何解釋中國政治體制所呈現出的非同尋常的穩固性，已經日益引起西方政治學家的廣泛興趣。一些西方學者（如 Sebastian Heilmann 和 Elizabeth J. Perry，Steven Levitsky 和 Lucan Way，以及 Daniel Koss 等）試圖用中國共產黨過去的革命戰爭經歷來解釋當前其強大的適應能力；另一些學者（如 Bruce Dickson，Kellee Tsai 和 Teresa Wright 等）則專注於新的社會力量 —— 尤其是企業家群體，被成功吸納進黨國體制的不同方式和渠道。還有一些學者（如 Andrew Nathan 和 David Shambaugh 等）為中國共產黨統治的靈活性和韌性提供了制度主義解釋。亦有其他一些學者（如 Wang Yuhua 和 Carl Minzer 等）試圖瞭解在 2008 年之後支撐中國安全體制的國家強制力量的運作機制。閻小駿的著作分別探究並充分確認了以上所有這些因素的重要意義。

本書揭示了當代中國共產黨政治體制所具有的廣泛的歷史、制度和實踐特徵；毫無疑問，這些特質在維繫中國政權超乎尋常的穩固性方面扮演著中心角色。我完全無意於否認或者輕視所有這些因素所發揮的極端重要的作用；但我還想就中國共產黨管治的另外一個特徵提醒大家的注意。我認為這個特質在支

持中國政權穩固性方面亦扮演了主要角色，那就是：中國共產黨具有創造性地運用從本國豐富的歷史傳統而來的各種象徵性資源（symbolic resources）的高超能力。這種對象徵性資源的嫻熟運用使得整個政治體制在文化上與中國的民族主體形成共鳴。儘管新中國的政治制度和意識形態基本上是在共產主義革命過程中和勝利後完全從蘇聯引進的，但從毛澤東到習近平幾代中國共產黨領導人仍不斷對之進行文化上的詮釋和再詮釋，以期令人感到這些制度和意識形態在本質上是「中國化」的。考慮到中國政治系統在 1949 年中華人民共和國建立前後的根本不同，我們似乎可以把新中國令人印象深刻的「文化管治」實踐看作是英國歷史學家 Eric Hobsbawm 所稱之為的「被創造的傳統」。畢竟，無論怎樣，政治局常委會不是軍機處，而中共中央總書記更不是一位現代社會的皇帝。尤其是從二十世紀二十年代的「紅色恐怖」到六十年代的文化大革命，中國共產黨一直在向舊中國的「封建」文化宣戰。但即便如此，只要當下中國人民繼續認為他們的政治體制在文化意義上而言是令他們感到熟悉和內生的 —— 而非從外國移植而來，公眾對於政權的支持度就會大大鞏固。這個情況與東歐前社會主義國家正好相反：在 1989 年，正是因為波蘭、捷克斯洛伐克、匈牙利和其他一些地方的政權被人們視作是由蘇聯紅軍在第二次世界大戰後移植而來，民眾最終在文化和政治雙重方向上開始疏離政府，而這些政權也因此未能逃過失敗的命運。

新中國則始終致力於把自己定位為中國五千年燦爛文化最

正當的繼承者和保護者。儘管中國共產黨曲折的革命歷程往往使得其在繼承和保護傳統文化方面時或力有未逮，但中國共產黨的領導層和官方理論家經常表示要從過去的文化傳統中吸取養分以處理黨目前所面臨的挑戰——這些重要的政治表態是不能被簡單忽略的。畢竟，專制皇權治下的中國是世界史上生命力最為長久的威權主義政治體系；而皇權時代的中國顯然為現代威權主義政權的韌性提供了極為豐富的參考經驗。

歷史學家們認為，中國的皇權政體得以長期存在的一個關鍵原因，即在於由儒家科舉考試孕育而生的國家與學者群體之間強大的文化和制度聯繫。因此，當我們發現當下的中國共產黨仍相當專注於通過國家賦予的各種物質和非物質利益來贏得大學學生和教授們的服從時，或許並無需感到驚訝。傳統中國政治穩定的一個重要標誌就是對地方縉紳的吸納；與此相似，通過中國共產黨的基層領導崗位或者人民政協平台來拉近黨和政府與地方社會菁英之間距離的實踐，亦反映了中國黨和國家清楚認知到菁英吸納對於政權穩定的積極作用。江澤民的「三個代表」理論強調把成功企業家吸收到黨內的重要價值，也在實際上為中國共產黨重新開啟社會整合（societal cooptation）的實踐提供了可能性——這在相當程度上借鑒了中國傳統政治體制得以穩定傳承兩千多年的重要經驗。

中國當前的經濟放緩，再加上政治上的不穩定因素，也對未來的政權鞏固性提出了新的挑戰。但新中國至今近七十年的

發展歷程 —— 特別是在與其他威權主義政權的生命週期相比較時 —— 仍然顯得十分奪目。事實是，與其他政權不同，中華人民共和國在過往幾十年間書寫了經濟和社會成就的輝煌紀錄，這包括但不限於不斷提高的識字率和人均預期壽命、世界第二大經濟體的地位、世界領先的交通基礎設施等等。這些成就令中國政治體制的穩固性顯得更加引人注目。閻小駿的著作讓我們能夠更好地理解中國黨和國家之所以能夠獲得這些輝煌成就背後的制度原因。他冷靜而又清醒的分析源自在不同地理區域和行政層級所進行的極為深入和極富原創性的田野工作，為當前主流的威權主義韌性理論增加了新的實證證據和新的理論闡釋。同時，他所提出的中國黨和政府以政治吸納（國家彈性）和政治控制（國家剛性）二元一體為標誌的獨特政治實踐，定會促使和鼓勵學界同仁對此進行更加深入的比較研究 —— 這不限於中國與其他社會主義或威權主義政權之間的比較，亦包括當代中國政治體制與中國的傳統政治體制及實踐之間的比較研究。

我非常高興亦非常榮幸地早在閻小駿於哈佛大學政府系（Department of Government）攻讀博士學位時便已結識他。當我們第一次見面時，我就非常清楚地感知到閻小駿所擁有的如刀鋒一般銳利的思想，以及他對其祖國未來發展前景的深刻關懷。這兩方面的特質都得以在本書中非常突出地表現出來。閻教授的作品將關於中國政治的第一手知識和世界前沿的社會科學理論緊密結合起來，因而得以回答我們時代最重大的問題之一：中國共產

黨究竟如何在快速而深刻的經濟和社會轉型中保持了總體政治穩定？而對於任何一個若非如此鞏固的政權來講，這些深刻的經濟與社會轉型都將會是致命的。閻小駿教授給出的答案來自於他長年不懈的田野調查研究，應該受到中國內外任何關心這個國家政治前途的讀者的高度重視。本書的出版將閻小駿教授里程碑式的論著以中文形式呈現在讀者面前，這正當其時，也必將裨益學界。

裴宜理（Elizabeth J. Perry）

哈佛大學亨利・羅佐夫斯基政治學講席教授
哈佛燕京學社社長
2016 年 11 月於麻省坎布里奇

目錄

中國何以穩定：

來自田野的觀察與思考

「第二個奇跡」

　　國內外的學者和觀察家們常把過往近四十年的時間裡中國所經歷的複雜而深刻的變革稱作「中國故事」。於世界而言，要觀察和講述自二十世紀八十年代開端的這一炫目的「中國故事」，則必須解釋其中兩個最關鍵的「中國奇跡」：經濟騰飛和政治穩定。前者，當然是指近四十年間中國社會經濟的超常規高速發展，亦即 1978 年中國共產黨十一屆三中全會以來，世界共同目睹的中國總體經濟的飛速增長和人民生活水平的急速提高。在短短不到四十年的時間裡，中國的經濟起飛複雜而多面：既有數量上的驚人增長，亦有質量上的不斷提升，更有結構上的優化調整，還有人民生活方式和社會組織方式的穩步現代化。綜括而言，「中國故事」裡的第一個奇跡，亦即經濟社會奇跡，至少包含在三個層面上幾乎同時發生的重要轉型：

　　第一個轉型是國民經濟體量躍升，即中國由一個世界上極為落後、所謂「一窮二白」的極不發達經濟體，在較短時間裡轉變成為一個實現了工業化和基本現代化的世界第二大經濟體，並構成當今世界經濟格局中的重要一極。在外交和國際關係層面，中國也逐漸從原先積貧積弱、落後捱打，或說在冷戰時期大國角力的夾縫中生存的狀態，逐漸走向國際政治、經濟和外交舞台的中心位置。隨著經濟體量的迅猛增長，進入新階段的中國經濟亦開始面臨新的、前所未有的挑戰，譬如：進一步改革和發展有可

能失去動力、經濟增長速度有可能從高速期進入相對平穩期、貧困人口有可能出現世代固化、經濟社會進步有陷入所謂「拉美陷阱」的可能、原有經濟和產業結構面臨升級換代的迫切需求，等等。總之，中國總體經濟由極不發達狀態向小康、中等發達和發達狀態的迅速邁進，既體現了中國四十年改革開放所釋放出的巨大能量，也為中國共產黨在二十一世紀的治國理政提出了諸多全新的、極為關鍵和亟待解決的核心課題。

中國社會經濟奇跡所包含的第二層次的變革是體制轉型，即中國的經濟體制由一個蘇維埃式的中央計劃經濟體制循序漸進地轉型為社會主義市場經濟體制，由現代法制體系規管的市場逐步取代舊式的各級計劃官員成為中國經濟活動的主要調控機制。市場經濟體制的確立，為中國經濟開闢了全新的空間、提供了源源不絕的推動力，減低了交易成本，優化了資源配置，史無前例地促進了中國人智慧和創新能力的迸發；但另一方面，市場經濟轉型也逐步改變著中國共產黨治國理政所面臨的國內外環境。在社會資源的分配實現了多元渠道、政府對經濟資源的控制不再處於絕對優勢地位，以及市民社會不斷成熟、人民的私有權利意識不斷增長的條件下，新的市場經濟環境造就了更為複雜多元的利益格局，而黨和政府在計劃經濟時代介入、調整和解決社會矛盾衝突的手段和方式也隨之而亟待創新。可以說，市場經濟轉型所帶來的絕不僅僅是生產和流通效率的增長，而同時也意味著中國共產黨需要探索如何在新的市場經濟條件下處理矛盾衝突、管理

社會力量、提供公共服務以及維護政治穩定——這些不言而喻都是極為艱巨的任務。

中國社會經濟奇跡所包含的第三層次的轉型則是社會結構轉型和人民生活現代化，亦即中國社會由傳統的、以農業經濟為主體的社會組織形態，逐步轉變為以知識經濟為基礎、以城鎮中產階級為主體的現代化社會。這一層次的轉型目前還處在快速推進的過程之中。隨著人均收入的不斷增高，中國居民的生活水平穩步提升，人民的生活方式和社會生活的組織方式也不斷朝向現代化方向轉型。國民經濟結構中信息產業、服務產業的比重不斷增長。今天，中國社會的信息化、城鎮化和現代化程度正在不斷加深，原有以小農生活方式為主體的社會形態，已朝向現代化社會邁進；這一深刻的轉型不斷重新定義中國社會中人與人之間的關係、個人與國家之間的關係，乃至社會與國家之間的關係。隨著國民經濟的迅速成長和人民生活的日益改善，中國社會原有的分層結構也急速演化：新的社會階層不斷湧現、中產階級開始壯大，而解決了基本溫飽問題的人民開始產生新的政治、經濟和社會權利訴求。社會組織形態和生活方式的結構性變革，也促使人們自然而然地對政府管治提出全新的要求。

「中國故事」中的第一個奇跡——「經濟社會奇跡」，是過往三十年中國發展歷程的絢爛篇章，中國經濟的體量躍升、體制變革和結構轉型引起了世界的注目和國內外政學各界的高度關注。但是，在奪目的中國經濟奇跡背後，人們往往忽視的卻

是「中國故事」中另一個同等重要、卻亟待解釋的現象,即:面對如此複雜、劇烈而又深刻的社會經濟變革大潮,以及動盪不安的國際政治環境,中國共產黨究竟如何保持國家基本政治秩序和社會生活秩序的總體穩定?這個令西方學者感到迷惑不解的獨特現象——即,中國在經濟社會格局急速變動下國家基本政治社會秩序的安全和穩定,正是筆者憑藉過往十餘年來在中國基層社會所進行的大量田野調查研究所試圖解釋的中國故事中的「第二個奇跡」。

轉型與穩定

傳統西方政治學理論對於發展中國家在劇烈社會變革中保持社會政治秩序穩定的能力從來不抱樂觀態度。西方政治學家們往往認為:首先,劇烈的社會經濟變動必然改變發展中國家政權對社會和人口施行有效管治的內外環境。快速的經濟成長、急速的現代化或城鎮化都無一例外會對既有的社會結構、階級結構和主流意識形態造成極大衝擊;社會經濟層面的劇烈變化和隨之而來的利益關係調整,會極大地加劇國家和社會之間的張力和摩擦,並不斷加深兩者之間的緊張關係。同時,傳統政治學認為發展中國家往往在國家能力上存在「短板」。國家治理能力的不足,使得政權在適應劇烈社會經濟變化方面的行動裕度有限;這種能力欠缺反映在日常政治層面上,往往就表現為政府在面對社

會的結構與利益訴求的快速變化時往往措手不及、行動遲緩，致使矛盾激化、政權認受性受損，最終威脅到國家總體政治的平穩有序；甚至在大規模群眾運動來臨時應接不暇、進退失據，最終造成政權傾覆、社會動盪。

因此，在西方政治學看來，發展中國家的高速經濟增長勢將無可避免地伴隨著政治動盪、社會撕裂、國家失能、革命浪潮和政權易手；經濟發展與政治穩定似乎是永遠不可並肩而行的兩個相互排斥的過程，整個二十世紀西方的理論和實踐似乎也未能為此提供成功的解決方案——對西方政治學來說，在急速變化的社會經濟條件下保持社會政治穩定乃是人類一道恆久的難題。

的確，世界歷史表明，經濟社會的高速發展對於既有政治秩序的影響是基礎性但同時又具有威脅性的。無論是經濟騰飛、現代化還是市場經濟改革，這些重要的經濟社會轉型往往都帶來社會階層關係的急遽變化、利益的重新分化組合、社會組織方式的重整，轉型過程中不斷湧現的新的階級階層和壓力團體在政治版圖上日益躍升，新的經濟訴求、文化訴求、政治訴求日益多樣，新形式的大規模群眾運動不斷獲得新的集結機會和空間，新的價值體系和政治論述也初現端倪。同時，對外開放和市場轉型也必然導致政治國家既有的、賴以實施管治的資源基礎發生變化。簡而言之，當政治國家無法再完全控制人民的衣食住行，政權也日益需要因應新的權力基礎，對舊有的控制手段、管治方式和政治話語進行適時的調整和革新。經濟、社會的全球化和政治

國家主動的對外開放也必然帶來外部世界對國內政治影響和干預的常態化，以及外來價值觀體系的傳播和對既有意識形態和國家文化格局的侵襲。這些新的變化，都無可避免對政治國家及其維護的政治秩序帶來巨大威脅，政治不穩定成為處於經濟社會快速轉型時期的發展中國家的常態。這正如卡爾‧馬克思（Karl Marx）在 1859 年《政治經濟學批判》序言中所指出的那樣：

物質生活的生產方式制約著整個社會生活、政治生活和精神生活的過程。不是人們的意識決定人們的存在，相反，是人們的社會存在決定人們的意識。社會的物質生產力發展到一定階段，便同它們一直在其中運動的現存生產關係或財產關係（這只是生產關係的法律用語）發生矛盾。於是這些關係便由生產力的發展形式變成生產力的桎梏。那時社會革命的時代就到來了。隨著經濟基礎的變更，全部龐大的上層建築也或慢或快地發生變革。[1]

正因為如此，中國共產黨如何在二十世紀八十年代以來急速的經濟基礎轉型變動中成功保持上層建築的高度適應性和國家基本政治秩序的總體穩定性，就成為了國際學術界急於尋找答

---

1 卡爾‧馬克思：《政治經濟學批判》序言，載《馬克思恩格斯選集》第二卷，北京：人民出版社 1972 年版，第 82-83 頁。

案的重要疑問。作為二十一世紀全球規模最大、發展最快的發展中國家，中國究竟如何在經濟騰飛、現代化轉型和市場經濟轉軌「三管齊下」的大變動時代保證國家政權的安全和政治社會秩序的安定？中華人民共和國政府又如何在大規模社會經濟變化的過程中保持和不斷提高國家能力（state capacity）和管治水平，有效防止大規模、顛覆性群眾運動的產生？中國共產黨和中國政府如何適應和應對現代化和市場化轉型大潮所產生的一系列前所未有的新挑戰和新課題？在全球範圍內「反體制」的青年運動不斷高漲的形勢下，中國黨和政府如何處理自己與國家新的一代年輕人之間的相互關係？如何保持青年群體對政治國家的支持和共融？以及中國對面臨全球化和互聯網革命時代多方壓力的國內社會結構和社會組織形態如何進行有效管治、並保證由龐大人口組成的國內社會的長治久安？

在二十一世紀的第一個十年中，從東歐、中亞到中東地區，以「顏色革命」和「阿拉伯之春」為名的反政府運動浪潮給有關各國政權帶來了巨大的衝擊；革命浪潮過後，政權易手、社會紛亂、戰端頻仍。同期，逐漸高漲的激進伊斯蘭宗教勢力、恐怖主義勢力和分離主義勢力對包括中國在內的全球各國形成日益嚴重的日常威脅。從巴黎到安卡拉，從倫敦到新德里，世界總體政治環境在內外因素影響下處於很不平靜、極不穩定的狀態。另一方面，奧巴馬時期美國的「重返亞洲」政策以及特朗普主義下美國內外政策的不確定性，更進一步加深了全球政治、外

交和軍事形勢的不穩定程度。在如此動盪的全球政治和外交環境下，中國得以保持國內政治的安定和政權的鞏固顯得尤其引人注目。中國共產黨和中國政府在二十一世紀初內外政治、經濟和社會環境大分化、大改組和大變動的時代保持政權穩定和社會安定的奧秘，是本書作者通過田野調查研究所要討論的核心議題。與1978年以來中國經濟騰飛的奇跡一樣，這個政治上的奇跡理應是二十一世紀「中國故事」中不可或缺的重要組成部分。

國家的彈性與剛性

在經濟社會大變動的時代保持國家基本政治秩序的穩定並非歷史的必然選項。從二十世紀七十年代所謂民主化的「第三次浪潮」開始到二十一世紀初期的「顏色革命」和「阿拉伯之春」，在過去半個多世紀中，世界上不少發展中國家的政權或者始終處於極不穩定狀態，或者深陷於穩定與不穩定狀態交相出現的泥沼，基本的社會政治秩序始終無法確立，政治穩定成為天方夜譚。在這差不多半個世紀的時間裡，如同薩繆爾·亨廷頓（Samuel P. Huntington）所曾總結（和預言）的那樣，第三世界國家政權更迭始終以浪潮形式出現。二十世紀七八十年代的「第三波」民主化、九十年代初期的東歐蘇聯國家改旗易幟、二十一世紀初發生在中亞、北非等國的大規模、集群式街頭政治運動等，都導致相關國家政權傾覆、政府崩潰、社會動盪。在另一些

發展中國家，如索馬里、伊拉克等國，情況則是合法有效的政權無法建立，國家對社會處於失控狀態，被西方學界稱為「失敗國家」。因此，在舊有階層關係重構、新的利益訴求勃興、社會價值體系轉型、外部政治環境動盪的條件下，如何適應新的環境、穩妥進行政權建設，維護國家基本政治秩序的穩固，是二十一世紀發展中國家需要共同面對的各種紛繁複雜的政治問題的中心議題。

在大時代中進行政權建設、維護國家基本政治秩序的穩定，需要處理的問題和面對的挑戰五花八門。但總體而言，有三個方面的挑戰最具關鍵性。政權是否能夠以高度的政治智慧、精心的頂層設計和有效的政策推進來應對這三方面的挑戰，直接決定國家穩定的政治秩序是否能夠得到保證、社會的長治久安是否能夠得到維繫。在這三方面挑戰中，首要的就是在急速變化的社會階級階層格局下，政權如何保持、擴大和更新政權賴以存在的社會支持和執政基礎；第二，在不斷活躍的社會力量和不斷湧現的新的利益訴求下，政權如何有序地擴大政治參與，將愈來愈多的新舊社會力量有機融合進國家的治理結構之中；第三，則是因應新的社會結構變局，政權如何管控好潛在的反對力量、不穩定因素和適當處理足以引起大規模、顛覆性社會運動的突發事件，以及在舊有的管理結構和控制辦法逐漸不再適應時代要求的情況下，如何建立和重構新的治理體系，以延續和保障國家對社會的足夠掌握度，以及協調國家與社會關係運行的和諧有序。這三大

挑戰，是在社會經濟大變動時代政治國家所需要應對和處理的中心問題。

本書通過深入觀察和審視中國自二十一世紀以來在政權建設和維護國家基本政治秩序穩定方面的制度、辦法和創新，所力圖揭示的正是在經濟社會大變動時代中如何保持國家基本政治秩序穩定的中國方案。這個具有鮮明中國特色的方案內容豐富，既有頂層設計的政治理性、又有「摸石頭過河」式的實踐智慧；既有政權自身因應時代變化的自我革新與展拓，也有針對潛在破壞因素的甄別、預防與管控。正如《詩經・大雅・文王》中的詩句所講的那樣，「周雖舊邦、其命維新」。中國雖然是古老的文明邦國，但永遠不會在守舊和故步自封中滅亡，只會在順應時代潮流、不斷改革自身中日新。

總體而言，在這個維護政權安全和政治穩定的中國方案裡，最重要的兩個組成部分就是：政權吸納和預防式管控。前者，筆者稱之為國家的「彈性」；後者，則稱之為國家的「剛性」。中國得以在過往三十多年的時間裡保持社會政治的基本穩定，根本經驗就在於正確處理和適時調整國家彈性與剛性這兩方面的辯證統一關係。政權吸納不斷更新政權的社會基礎，擴大體制的邊界，鼓勵參與式公共治理，促進國家與社會的協調和交融，真正夯實政權穩定的社會基石。預防式管控，則是通過制度化的措施，發現、識別、干預和控制社會經濟大變動時代在社會層面上不斷湧現的對政權的潛在挑戰力量和潛在破壞因素，

並把它們對國家基本政治秩序的負面影響控制在最低程度。正如中共中央總書記、中國國家主席習近平在 2016 年 4 月談到網絡安全問題時曾指出的那樣，「要知道風險在哪裡，是甚麼樣的風險，甚麼時候發生風險，正所謂『聽者聽於無聲，明者見於未形』」。[2] 中國黨和政府在二十一世紀政權建設上對國家「彈性」和「剛性」兩方面的高度重視，以及在維護基本政治秩序穩定的實踐中能始終做到「政治吸納」與「預防式管控」雙管齊下，最終得以在經濟社會大變動時代有效保持國家基本政治秩序的穩定，這應當是中國故事裡第二個奇跡的奧秘之所在。

政權吸納

因此，本書的前四章集中討論國家彈性問題，重點則是中國的政權吸納機制。這部分的四章擷取並剖析中國政治運行中的四個極為重要、但過往未曾被國際學界所重視的精彩截面——黨對致富能人（新社會階層）的吸納、人民政協制度、基層參與式治理實驗和統一戰線制度——來探討中國黨和政府如何在經濟社會轉型中始終注重保持政權的高度彈性，通過政治吸納不斷擴大

2　習近平：〈在網絡安全和信息化工作座談會上的講話〉，2016 年 4 月 19 日，新華社北京 4 月 25 日電，資料來源：http://www.cac.gov.cn/2016-04/25/c_1118731366.htm（訪問日期：2017 年 2 月 19 日）。

黨的執政基礎、維護黨與社會各階層的密切聯繫，建立維護跨越階級階層的政治聯合，以及通過鼓勵參與式治理來應對黨和政府在市場經濟條件下基層權力基礎的變化，以鞏固自身執政基礎、提高治理質素，最終保持國家的長治久安。這四個截面所共同反映的，是中國黨和政府在新時期嶄新社會經濟條件下如何保持自身的高度適應性和國家彈性，以積極學習、與時並進的姿態進行不間斷、創新式的政權建設，從而構築起國家穩定的基石，為中國經濟社會進一步發展和現代化提供最根本的政治保障。

本書前四章所講述的四個故事，包括中國共產黨如何吸納在市場經濟轉型中湧現的農村私營企業主和其他致富能人，黨如何通過人民政協制度聯繫和鞏固自身與黨外社會階層代表人士的合作，黨如何通過村民代表會這一參與式創新治理形式來適應其權力基礎在基層農村社區的重大變化，以及黨如何在改革開放時期通過創造性使用「統一戰線」這個革命戰爭時期的法寶和工具來構建和推動社會各階層的政治大聯合。這些觀察和思考，目的正在於要探討中國黨和政府如何通過積極發揮國家彈性來維護政治穩定和執政安全的問題。

私營企業主和致富能人是改革開放時期在中國城鄉湧現出來的新生事物，也被傳統政治學認為是在社會主義國家既有政治體制之外新興的、具有潛在反體制威脅性的社會力量。中國共產黨大膽鼓勵這些新生力量走上黨的基層組織的核心領導崗位，倡導他們引領民眾致富、造福鄉梓、從而真正發揮黨組織的先鋒模

範作用，這是非常值得重視的政治現象，反映了中國共產黨在組織形態上具有不同於一些其他政權體制的高度開放性、包容性和體制彈性。在社會經濟急速變化的大時代裡，中國共產黨一方面積極擺脫僵化意識形態的束縛，另一方面善於運用具有中國特色的政治機制如人民政協、統一戰線等，來擴大和鞏固自身的執政基礎，建立和領導跨階層的政治聯盟，從而維護國家基本秩序的安全和平穩。

同時，隨著市場經濟轉型，黨和國家賴以治理中國龐大人口和複雜社會的政治、經濟和社會資源都發生了根本性變化。在農村，當國家不再絕對控制農作、收成、分配、人口移動、村辦企業等民眾生產和生活的重要活動和核心資源，甚至傳統的基層公共財政來源都出現枯竭時，如何維繫黨和政府對基層社區的領導和治理、以及向基層社會提供足夠的公共品就成為前所未有的挑戰。本書中以村民代表會制度為例的相關研究反映了地方黨和政府領導人如何因應這種時代變化、探索新的參與式治理機制，為黨在市場經濟條件下實現對社會的有效管理和服務開闢了新的思考和實踐的空間。

總體而言，本書前半部分從菁英吸納、階層聯合、參與式治理及政治同盟四個維度，全面檢視了中國政治體制的靈活吸納性和高度彈性，也揭示了中國共產黨所具有的與時並進、從實踐中學習的精神是其在大時代中得以保持國家政權穩定的奧秘。

預防式管控

政治秩序是現代政治國家的永恆主題。亨廷頓在 1968 年曾寫道：「國家間最重要的政治區別，並不是政府的形式，而是管治的效度。」（The most important political distinction among countries concerns not their form of government but their degree of government.）要實現國家對社會的有效管治，除充分發揮國家的彈性優勢外，也離不開對國家剛性力量的合理運用。本書的第五章和第六章，正是集中探討國家剛性的一面，重點是研究中國黨和政府為了維護大學校園政治秩序安定和多元利益下中國基層社會的穩定，而分別採取的不同形式的預防式管控措施。

從二十世紀九十年代的「東蘇劇變」到二十一世紀初的「顏色革命」，近三四十年以來發生在世界範圍內的顛覆性群眾運動，幾乎無一不以接受高等教育的大學生群體為主要力量之一，以反政權為目的、由新媒體網絡所動員起來的激進青年運動成為二十一世紀有關各國非暴力群眾運動的主體。在中國，社會也曾經歷以大學生群體為主要參與者的二十世紀八十年代的一系列學生運動和 1989 年的政治風波。因此，如何在社會經濟急速變化的條件下管理大學生群體、確保大學校園的秩序平穩應當是政權建設的重中之重。本書第五章即以中國的一所省立大學為基礎標本、綜合在其他國立重點大學的田野調查研究，檢視了中國黨和政府如何以扎實有效的預防式管控體系，維護二十世紀九十年

代以來大學校園和大學生群體的總體政治安定。特別是聯繫到二十一世紀初發生在香港和台灣地區的以大、中學生為主要力量的「佔領中環」和「太陽花運動」，中國黨和政府對內地大學校園實施積極的預防式管控的成果更顯得難能可貴。

「郡縣治、天下安」。本書第六章轉而深入探討中國北方某縣在縣一級所建立的以公安隊伍為主的基層社會面管理和防控體系，並檢視這一體系在日常政治和社會中的實際運行規則和形態。在中國共產黨的組織結構和中華人民共和國國家政權結構中，「縣一級處在承上啟下的關鍵環節，是發展經濟、保障民生、維護穩定的重要基礎」，[3] 正所謂「基礎不牢、地動山搖」。縣域預防式管控的效度和力度對於維護國家基本政治秩序的安全和穩定具有關鍵性和基礎性的作用。因此，本章雖將觀察的目光從大學校園轉移到基層鄉鎮，但黨和政府在兩個不同場域中所面臨的挑戰卻是一致的，即：在社會經濟大變動的時代中如何以預防式的管控機制維護社會政治基本秩序的穩定，並有效識別和防控由歷史和現實所引致的各種潛在不穩定因素對政治穩定和政權安全造成的破壞。

---

3 習近平：〈在會見全國優秀縣委書記時的講話〉，2015 年 6 月 30 日，資料來源：http://www.qstheory.cn/dukan/qs/2015-08/31/c_1116400149.htm（訪問日期：2017 年 2 月 19 日）。

學習型政權

本書的兩個部分雖然分別討論中國政權的國家彈性和國家剛性這兩個不同側面，但採取的都是筆者稱之為「學習型政權」的觀察視角，即：政治國家如何在社會經濟大變動的時代，通過不斷對內觀察研判和對外學習吸收來進行自身的調整、適應和創新，既以高度靈活的姿態充分發揮國家的彈性優勢、不斷擴大政權邊界、吸納各種新舊社會階層進入體制、增廣自身執政基礎和社會支持基礎，又以高效果敢的態度，充分、有效使用政權的剛性力量，以預防式管控機制，保持國家對社會的有效治理，監督、識別和防止潛在反對勢力和不安定因素發展成為具有公開破壞性和顛覆性的反政權力量。「張而不弛，文武弗能也；弛而不張，文武弗為也。一張一弛，文武之道也。」[4] 中國黨和政府在社會經濟大變革的時代得以保持政權安全和國家基本政治秩序的穩定，關鍵就在於能夠以高度適應性和學習能力順應時代變化，有效掌握並運用國家彈性和剛性兩個方面的平衡力量，最終達致確保政治穩定的目標。

自中華人民共和國於 1949 年成立以來，中國經歷了複雜、深刻而又多面的不間斷轉型。無論是從半殖民地半封建社會轉變為獨立自主的社會主義國家，還是從集中統一的中央計劃經濟轉

---

4 《禮記·雜記下》。

型為開放多元的市場經濟體制，又或者從封閉和半封閉的傳統落後社會走向充滿活力和發展動力的現代化社會，這些不同轉型所引起的經濟社會層面的根本性變革，都不斷為黨和政府維護國家基本政治秩序穩定的任務提出新的挑戰和課題。自二十世紀九十年代以來，中國共產黨尤其重視處理好「改革」、「發展」和「穩定」這三個要素之間的相互關係；而其中的重中之重，則是如何通過向實踐學習、向外部世界和人類文明的一切成果學習，冷靜研判、理性設計，通過改革和創新來回應在社會經濟大發展時代所萌生的諸種新課題，通過不斷平衡、調適和運用國家彈性與剛性的兩面，既不斷擴大政權邊界和執政基礎，又有效防控潛在不安定因素，從而保證國家基本政治秩序的安全。

因此，在改革開放的大時代裡，中國得以保持長期政治穩定的根本原因還在於執政黨和政治體制所具有的高度學習能力。從全球來看，能否建立起具有高度適應性的「學習型政權」是發展中國家在經濟社會變動下保持政治社會穩定的關鍵所在。「學習」在這裡指對內外環境和社會力量的觀察、研判和適應，對外部世界政治實踐成果的吸收，對自身執政和治理結構的適時調整和創新，對歷史傳統的理性繼承和揚棄，以及對社會管理和控制辦法的與時並進等。總之，學習型政權所具有的高度觀察力、判斷力、靈活性、應變性和機動性，都使其更能在複雜多變的內外環境中，以充足的彈性和適當的剛性，保持政權系統的韌性，從而促進整個治理結構與變化了的社會經濟環境密切融合。

從學習型政權的視角觀察改革開放時代的中國政治實踐，是一個全新的角度，也是本書討論各種政治現象的基本出發點。本書中所觀察和審視的過去十餘年間中國政治運行實踐中的重要截面，反映的是中國黨和政府如何從時代和實踐中充分學習、靈活應變、創新機制，達到治理結構、經濟環境和社會形態三者在動態中的協調和統一。譬如，市場經濟轉型和私營經濟的發展，催生了私營企業主和農村致富能人這個新的、具有潛在政治影響力的社會階層。本書關於中國共產黨基層組織對這部分人士吸納機制的研究（既包括鼓勵他們成為農村基層黨組織的領導人，也包括通過政協等機制與他們加強聯絡、培養他們對於政權的歸屬感），直接反映了政權對市場經濟下新社會結構的學習和適應能力。正如前面所提到的，傳統政治學——特別是現代化理論——往往認為隨著現代化的發展而湧現的中產階級、有產階級會成為既有政權的反對與顛覆力量；但二十一世紀的中國共產黨並非僵化於某些固有的意識形態限制、對新生社會力量採取敵視態度，而是充分順應時代要求，積極發揮政權的彈性力量，把一切改革、開放和建設中湧現的新生社會力量都化為己用，使他們成為政權的支持力量，最大程度地減少社會對立、擴大執政基礎。從這一方面來看，中國共產黨的學習適應能力，與前蘇聯和東歐國家的執政黨之間有著極其顯著的差別。高度的學習適應能力是中華人民共和國政權所具有的國家能力的重要組成部分，也是中國政權的特色，是政權得以保持其活力和韌性的根本要素之一。

改革開放時代帶來的不僅僅是社會階層結構的轉型、經濟體制的轉軌，更意味著中國共產黨治國理政所依賴的資源結構和手段儲備都必然需要隨著時代而變化。譬如，在人民公社時期的中國農村，中國共產黨的基層政權組織掌握了農村社區從生產、生活、分配、公共服務等各方面幾乎全部的資源；在此基礎上，對農民社區的管理就顯得得心應手。隨著農村聯產承包責任制的推行、農村私營企業的發展，以及農業稅費的逐步取消，基層政權組織原來所掌握的資源逐漸減少和枯竭，用傳統的治理結構和控制手段對農業、農村和農民進行管理顯然愈來愈不可行，以農村地區的「政權失能」為核心的「三農問題」愈來愈成為黨和政府需要面臨的重要挑戰。為適應這一新的變化，中國共產黨顯然對新的農村管治實踐進行了深入學習，也形成了準確的觀察、研判和應對。從二十世紀八十年代開始的基層民主選舉，到本書所研究的以農村村民代表會制度為例的各種農村「參與式治理」試驗，反映的都是政權因應新時代所帶來的執政資源變化的實際，對長期以來形成的農村治理結構進行制度創新的不懈學習和探索。

二十一世紀初發生的「顏色革命」和「阿拉伯之春」等顛覆性群眾運動，以及中國台灣地區和香港特別行政區發生的「太陽花」運動和「佔領中環」運動等反政府青年運動是中國共產黨學習和思考的重要素材。隨著時代的變化——特別是全球化、信息化和新媒體網絡突飛猛進的發展，青年運動的勃興和青年社

群政治能量的躍升成為各國政權需要應對的重要問題。在青年群體中，大學生群體作為接受過高等教育的未來社會菁英，尤其能夠起到核心領導作用。另一方面，在中國，隨著二十世紀九十年代以來高等教育版圖的巨大變化，特別是市場經濟的發展，使得學校和傳統的共青團組織對於大學生的控制力度也在不斷減弱。當大學對於大學生的就業、福利甚至政治前途的控制力度不斷削弱，而非體制的外來意識形態對大學校園的侵襲日益加強的情況下，中國共產黨如何與時俱進以創新體制維護校園的政治秩序，是保證政權長治久安的重要一環。本書關於改革開放時代大學校園管理的研究，凸顯了中國黨和政府通過重構大學思想政治教育、組織管理、獎懲機制、應急管理等一整套新的系統，有效保持了對大學校園的管理力度，保證大學校園在社會經濟大變動時代成為政權的積極支持基礎，而不致成為反體制青年運動的發源地和溫床。

社會經濟大局的結構性變化帶來的還有更廣泛社會面上的多樣轉變，為中國共產黨治國理政帶來更大的複雜局面。政府要有效管理在新時代不斷興起的市民社會和非政府組織、引導其對國家經濟社會發展發揮正面作用而非成為顛覆力量和社會不穩定的策源地，這顯然與在傳統體制下領導和管理「傳輸帶式」的群眾組織、人民團體大不一樣，需要新的思路、手段和制度供給。同時，社會經濟的變化也帶來群眾利益訴求的多樣性。但新利益訴求的出現僅僅是問題的一面，隨著原有社會管理結構的消失或

弱化（前者如農村地區的人民公社—生產大隊—生產隊的三級管理體制，後者如城市地區的單位體制），群眾自我組織、自我宣傳以及爭取自身利益的方式也有了較大的變化。二十世紀九十年代以來，群體性事件數量的快速上升顯然是與社會經濟結構轉型的速度相一致的。因應新的形勢，中國共產黨也不斷對基層社會管治的新實踐加以觀察、學習和反思，在基層逐步建立起以預防式管控為主線的社會控制機制。預防式管控是對原有社會管理機制的創新，反映了中國黨和政府在發揮國家剛性、遏止實際或潛在的不穩定因素方面的學習能力。

因此，雖然中國社會經濟的多重轉型為政權穩定帶來的挑戰複雜多面，但中國共產黨之所以能夠在經濟社會格局日新月異的大時代裡維護國家基本政治秩序的穩定和政權的安全，究其根本，還在於政權所具有的高度學習能力。也正因為如此，從學習型政權的視角觀察和分析中國基層政治、解釋中國政治不同於世界其他國家的特有穩定性，就顯得極為迫切和重要。

從學習型政權的視角分析中國政治，重點在於釐清社會經濟變局為政治穩定提出了何種新問題、新挑戰，政權如何以學習的姿態分析、研判、應對這些新挑戰，如何通過平衡與發揮國家彈性和國家剛性這兩個基本面來實現體制的與時並進和自我更新，在擴大政權社會基礎的前提下保持對潛在威脅力量的有效震懾和控制、國家基本政治秩序的穩定、國民經濟的進一步可持續發展和全社會的長治久安。可以說，以學習的態度不斷創新、有

效平衡和善於運用國家彈性和剛性的兩面，這正是二十一世紀初期中國政治的主線，也是國家為破解發展中國家在經濟社會急速變化條件下有效進行政權建設、維護政治穩定這個世界性難題而提供的具有中國特色解決方案的重要篇章。

第 一 章

從致富能人到村黨支部書記：

中國共產黨如何在農村地區吸納「先富階層」？

無論是戰爭、革命、改革，還是市場化、民主化或工業化，急速而深刻的社會轉型往往引發國家政治菁英階層從上到下、方方面面相應出現的影響深遠的重要變革。這些變革包括但不限於政治領導階層組成結構的變化、對體制外人才吸納程度和方式的更新、政治菁英集團主導意識形態的演進、執政政治集團權力及認受性基礎的變遷，以及政治菁英和社會民眾之間互動關係的重塑等等。不言而喻，在歷經近四十年改革開放後，當下中國農村地區出現的最具根本意義、亦最應引起人們關注的政治發展之一，應屬中國共產黨農村基層組織在組成結構、領導力量及執政基礎等各方面逐漸出現的一系列新的重要變化。而農村私營企業家及其他致富能人在政治上迅速崛起並逐步進入中共農村基層組織的核心領導位置，尤其屬於上述重要變化過程的關鍵環節。[1]

　　羅伯特・帕特南（Robert D. Putnam）於 1976 年曾言：「『誰在管治』？此問題有理由成為實證政治科學的核心議題。」[2] 基於

1　在本章中，私人企業主和其他致富能人是指那些擁有或者參與商業經營的成功人士或者私人執業的專業人士，範圍從個體戶到大型企業主不等。參考：Kellee S. Tsai, *Capitalism without Democracy* (Ithaca, NY: Cornell University Press, 2007), p.11. 他們是那些在市場經濟轉型中獲得成功的本地經濟菁英。在某縣的官方話語裡，「私人企業主以及其他致富能人」被簡單稱為「能人」、「致富能手」或者「新社會階層」等，以避免引起意識形態上的疑慮。參考：Bruce Gilley, "The Yu Zuomin Phenomenon: Entrepreneurs and Politics in Rural China," in E. Bonnell and Thomas B. Gold (eds.), *The New Entrepreneurs in Europe and Asia* (Armonk, NY: M. E. Sharpe, 2002), p.74.

2　Robert D. Putnam, *The Comparative Study of Political Elites* (Englewood Cliffs, NJ: Prentice-Hall, 1976), p.2.

筆者自 2005 年起在華北某縣（以下以「慶縣」指代）連續進行多年的田野調查研究，本章詳細考察在市場經濟轉型過程中興起的農村先富階層如何進入中國共產黨基層組織領導崗位，並逐步取代傳統社、隊幹部而成為新型農村黨支部書記（以下簡稱「村支書」）的複雜過程。通過田野調查研究，筆者亦深入瞭解這些企業家和致富能人出身的村支書群體內在的多樣性，釐清他們得以在基層政治生活中崛起的推動力、誘因與自我動機，以及探究這些新型村支書賴以取得和行使政治權力所必需的社會資源。

本章的討論重點在於市場經濟條件下中國農村社區的內生動力（endogeneous dynamics）如何有力推動農村先富階層在基層政治中的地位躍升，以及農村黨的基層領導結構的變化。這裡，兩個方面的觀察至關重要。一方面，由市場經濟改革所催生的、根植於本地社群網絡內部的政治動力正推動農村新型企業家村支書們在中國共產黨基層政治中逐步獲取並擴展其領導權力；另一方面，在市場經濟和私有企業發展的浪潮下，中國共產黨基層組織通過學習新的實踐、打破固有意識形態局限，充分開拓政權的彈性空間，擴大執政黨的邊界。通過把社會經濟轉型大潮中湧現的能人階層吸納進黨的基層組織，鼓勵他們帶領民眾致富，中國共產黨將經濟社會轉型中新興的社會力量化為己用，並以此增強黨在基層農村的領導力和號召力，從而進一步密切農村社區和政權的聯繫，最終達到鞏固黨和政府執政基礎的目的。

中國農村的管治階層

西方研究學者對中國農村政治和地方菁英階層的學術關注迄今已長達半個多世紀之久。無論是傳統的鄉紳階層、小康的地主或是後來由國家政權賦予其權力的革命化農村幹部，亦無論朝代輪替還是政治革命，一個自傳統上即由農村鄉土社會自然萌生的政治菁英階層已持續管治中國鄉村長達數千年的時間。然而，在中國從集中統一的中央計劃經濟體制轉向充滿活力的社會主義市場經濟體系條件下，如此史無前例又內涵深刻的變革究竟如何影響或改變鄉村社會既有的管治階層和管治結構、特別是黨在農村基層組織的領導力量？中國共產黨作為二十一世紀中國唯一的執政黨又如何應對農村地區這種系統性的社會經濟變局？對於這些問題，之前的研究者提出了相互迥異、甚至對立的研判。

理查・拉瑟姆（Richard Latham）早於 1985 年即指出，中國農村的經濟改革不僅削弱了基層貧下中農出身的隊、社幹部一向擁有的特權及政治優勢，更令他們在新的經濟生活中處於比較劣勢的地位，因此嚴重威脅到他們原本安穩的領導地位。[3] 倪志偉（Victor Nee）更提出所謂「市場轉型理論」，闡釋了相近的論

3　Richard J. Latham, "The Implications of Rural Reforms for Grass-roots Cadres," in Elizabeth J. Perry and Christine Wond (eds.), *The Political Economy of Reform in Post-Mao China* (Cambridge, MA: Harvard University Press, 1985), pp.157-173.

點。他預言，脫離傳統社會主義計劃經濟體制將會大大增加農民創業的誘因與機會，而政治權力的分配亦將逐漸傾斜於在市場改革大潮中能夠抓住這些機會並取得成功的致富能人階層，而非那些在傳統社會主義經濟制度下僅僅依賴於政治上根紅苗正、對上級領導馴服聽話而上位掌權的農村幹部。[4] 簡而言之，正如閻雲翔所言，中國農村的經濟改革即將在那些距離中央權力遙遠的、處於政治邊緣地位的地方和領域催生出完全新型的政治菁英。[5]

魏昂德（Andrew Walder）卻提出相反觀點。他在研究中國幹部階層於改革開放年代所經歷的種種轉變後發現，市場經濟轉型對黨的農村基層幹部的權力基礎所構成的影響微不足道。他指出，未有證據顯示「農村政治菁英因為市場經濟所營造的機遇而捨棄他們已有的職位」；甚至斷言「私營企業家是所有農村社會群體中最不可能成為幹部的一群人」。[6] 以研究東歐社會主義國家轉型而聞名的阿克斯·若納－塔斯（Akos Rona-Tas）則將社會主

4　Victor Nee, "A Theory of Market Transition: From Redistribution to Markets in State Socialism," (1989) *American Sociological Review* 54(5), pp.663-681; Victor Nee, "The Emergence of a Market Society: Changing Mechanisms of Stratification in China," (1996) *American Journal of Sociology* 101(4), 908-949.

5　Yunxiang Yan, "Everyday Power Relations: Changes in a North China Village," in Andrew G. Walder (ed.), *The Waning of the Communist State* (Berkeley, CA: University of California Press, 1995), pp.215-239.

6　Andrew G. Walder, "The Party Elite and China's Trajectory of Change," in Kjeld Erik Brodsggard and Yongnian Zheng (eds.), *The Chinese Communist Party in Reform* (London, UK & New York, NY: Routledge, 2006), p.27.

義國家轉型過程從時序上區分為「社會主義衰微期」(the erosion *of* socialism) 和「社會主義轉型期」(the transition *from* socialism) 這兩個不同的概念。他認為，儘管黨的基層幹部在「社會主義衰微期」所獲得並享有的優勢或許微乎其微，但這些最初的優勢卻能幫助他們在下一個階段──即「社會主義轉型期」──佔據更巨大的資源優勢，並迅速接管和控制私營經濟部門，一躍成為後轉型時期新的經濟菁英。[7] 在過去的十多年裡，不少中國研究學者亦深入探討了中國經濟改革時期，黨的幹部階層在國家從上到下經濟生活各個層面所持續發揮的影響力。這些學者亦都認為，始於二十世紀八十年代的市場轉型既未摧毀中共基層幹部的權力基礎，亦未消除國家權力對經濟生活的深度干預。[8]

究竟市場經濟轉型對於中國農村的治理結構、特別是中國共產黨在農村社區的基層組織產生了何種影響？無可否認，在二十一世紀，政治穩定和政權鞏固的核心要素在於執政黨能否順

---

7 Akos Rona-Tas, "The First shall be Last? Entrepreneurship and Communist Cadres in the Transition from Socialism," (1994) *The American Journal of Sociology* 199(1), 40-69.

8 Jean C. Oi, *State and Peasant in Contemporary China* (Berkely: University of California Press, 1989), p.187. 關於中國共產黨幹部和機構在中國市場轉型的持續影響請參考：Sally Sargeson and Jian Zhang, "Reassessing the Role of the Local State: A Case Study of Local Government Interventions in Property Rights Reform in a Hangzhou District," (1999) *The China Journal* (42), 77-99; Gordon White, "The Impact of Economic Reforms in the Chinese Countryside: Towards the Politics of Social Capitalism?" (1987) *Modern China* 13(4), 424; Yanjie Bian and John R. Logan, "Market Transition and the Persistence of Power: The Changing Stratification System in Urban China," (1996) *American Sociological Review* 61(5), 739-758.

應時代變化而不斷改革創新，能否因應隨經濟社會變化而改變了的社會階層結構，發揮體制彈性、擴大政權的組織邊界，從而鞏固政權的社會支持基礎和提升政治認受性。在改革開放時代，中國共產黨如何適應社會主義市場經濟發展所引發的社會結構變化，進而實現黨的基層組織的「自我更新」，是其保持執政地位的重要環節，值得深入研究。

本章擷取華北某縣的私營企業主及其他致富能人在政治上成長為農村黨支部書記的歷程，並將之作為一個截面，檢視在改革開放大潮中先富起來的新社會階層得以進入中國共產黨基層領導核心的政治及社會過程，並探討這一過程背後的驅動力量。這些直接來自田野的第一手觀察展示中國共產黨作為「學習型政權」，其基層組織如何觀察分析變動中的社會政治實踐、調適自身與在市場經濟大潮中湧現出的各類致富能人的關係，以及黨如何通過政治吸納將這些社會階層代表人士化為己用，進而將其整合進基層政權的既有治理結構，鼓勵他們帶領民眾致富以及為農村社區服務，以期增強黨在新時代的代表性、擴大執政基礎和提高社會支持度，從而有效保證政權對基層農村社區的號召力，以及國家基本政治秩序在基層社會的安全。

基於筆者自 2005 年以來在華北慶縣的田野調查，本章將以往學界對於中國新興私營企業菁英的政治研究擴展至鄉村場域。現有的大多數政治學文獻集中討論城市的企業菁英如何透過商會組織、政治協商機構、地方人民代表大會或入黨等不同渠道間接

發揮其政治影響力。然而，有別於已有文獻，筆者在本章將考察農村私營企業主在中共基層組織如何獲得主要領導崗位（如村黨支書職務）。這反映中國農村的先富階層或許擁有比城市私營企業主群體更為直接有效的途徑去發揮其政治影響力，也反映中國共產黨對於吸納城鄉私營企業主階層而採取的不同方式和策略。

　　筆者的研究展示，中國共產黨之所以能夠在大變革年代保持農村地區的基本秩序平穩，歸根結底在於執政黨積極地鼓勵農村基層政權組織推行漸進改革，不斷吸收新湧現的社會力量，以適應急速改變的社會經濟環境。當然，黨對致富能人的種種吸納舉措並不會令新興經濟菁英自動及順理成章地接管黨的基層組織；在改革開放年代新湧現的農村經濟菁英政治權力增長的背後，乃是諸多力量交織而成的錯綜複雜的一種結構。[9] 這種結構既是根植於市場改革所驅動的結構轉型，亦是由黨跟隨社會經濟情勢變化而調整適應方針所造就；此外，這些來源於鄉土社會的致富能人與村民社區平日的各種互動、以及他們對農村社區的貢獻與服務也是推動他們獲得政治權力的內生社區力量。以上各個組成的動力——特別是社區內生的基礎性支持力量——在這個複雜多面的過程中均缺一不可。

---

9 Vivienne Shue, *The Reach of the State: Sketches of the Chinese Body Politic* (Stanford, CA: Stanford University Press, 1988), p.2.

從致富能人到村支書

1947 年夏天，中國人民解放軍接管了位於華北平原東部的慶縣。由此開始一直到二十世紀八十年代後期，慶縣農村地區便被置於毛澤東時代典型的貧下中農式隊、社幹部群體的領導之下。這些由組織選拔上位的農村幹部往往來自「村莊裡的窮苦底層」[10]，因其階級成分低、在農村革命和土地改革中的政治表現好以及在新中國成立之後歷次群眾運動中表現積極，而被賦予基層政權組織的領導權力。[11] 與此形成鮮明對比的則是，農村社區中有能力在自由市場上賺錢致富、具有商業頭腦的成員，在解放後慶縣農村的基層政治生活中一直被視為異己力量而遭到打擊和邊緣化，這種態勢一直持續到二十世紀八十年代經濟改革進入較為成熟的階段後才告一段落。一位慶縣農民在接受訪談時回憶道：

當年的萬元戶在政治上可是需要特別小心謹慎的 …… 他們從來不敢提自己在市場上做的買賣，即便所有的人其實都知道他們是靠啥發家的。這些人也通常是要隱瞞自己的財富；他們往往故意打扮得跟普通村民一樣破破爛爛。他們也是絕對不可

---

10 John P. Burns, *Political Participation in Rural China* (Berkeley: University of California Press, 1988), p.8.

11 參見：Jonathan Unger, *The Transformation of Rural China* (Armonk, NY: M. E. Sharpe, 2002).

能當上村幹部的——如果你富了，那麼政治上你肯定就算完了。

　　在九十年代，隨著中國以嚴格的城鄉區隔為標誌的戶籍制度逐步放寬，慶縣有不少在改革初期成功致富的農村家庭開始離開他們世世代代生活的村莊，搬遷到城市生活；但這些家庭同時仍舊保留著他們的農村戶口以及與原籍農民社區的密切聯繫。此時，這些先富起來的農村人士依然在政治上遭受邊緣化：雖然黨中央容許甚至鼓勵民眾從事盈利性的商業活動，但地方黨的領導幹部和村民群眾卻一如既往地懷疑這些先富階層人士在政治上是否可靠、在道德上是否乾淨。儘管如此，在市場經濟轉型的大背景下，私營企業主們畢竟得以慢慢從過往遭受政治歧視和邊緣化的社會身分中解脫出來並逐漸進入公共事務領域。在黨的官方話語裡，這些致富能人現在被稱為「新社會階層」。新社會階層人士的政治和社會身分在市場經濟大潮中的變化直接導致了黨在農村地區基層權力結構的深刻轉型。

　　以慶縣為例，在二十一世紀初，隨著市場經濟大潮呼嘯而來，也由於世代更替及政策變化，慶縣農村的基層幹部隊伍組成發生了重大的變化和更新。根據筆者在 2005 至 2006 年期間在慶縣進行的一項實地問卷調查顯示（表 1-1），在回覆問卷的 211 位現任村支書之中，三分之一是在二十世紀九十年代才開始首次擔任村支書職務；近 46% 則是在 2000 至 2006 年期間才獲得首次任命。

但是，人事上的代際更替並非村莊政治菁英群體出現的唯一變化；更為重要的是，來自於新社會階層的村支書比例在二十一世紀的第一個十年出現歷史新高——這是比代際更替更為深刻和重要的結構變化。根據中共慶縣縣委組織部的紀錄，在1998 至 2004 年間，該縣共有 189 位人士首次擔任村黨支部書記職務，其中 67 位（或 35.45%）來自於以私營企業主和致富能人等農村先富群體為主體的新社會階層，而這一類別人士在新任職村支書群體中所佔比例則在 2001 年和 2002 年達到最高峰值（見圖 1-1）。這種情況的出現可能緣於時任中共中央總書記的江澤民於 2000 年春天至 2001 年夏天開始逐漸提出的「三個代表」理論。「三個代表」理論重點要求中國共產黨要「始終代表中國先進社會生產力的發展要求、始終代表中國先進文化的前進方向、始終代表中國最廣大人民的根本利益」。這一理論為馬克思主義政權吸納私營企業主與其他致富能人進入體制提供了理論依據，也自然而然成為城鄉新社會階層人士迅速進入中國基層政治場域並發揮影響力的關鍵政治基礎。

然而，私營企業主和致富能人在新任職村支書中的比例在2003 年和 2004 年期間出現下降。此現象有兩種可能的解釋。第一，慶縣作為一個私營經濟發展水平一般的內陸縣，各方面而論有資格成為村支書人選的新社會階層人士人數相對有限。自1998 年以來，慶縣當地黨組織已開始連年積極吸納農村私營企業主和其他新社會階層人士擔任村支書職務；在連續多年選拔人

表 1-1：您何時首次擔任村黨支部書記職務？

年份	委任人數	百分比（％）
1949-1965	2	0.95
1966-1971	2	0.95
1972-1976	5	2.37
1977-1981	5	2.37
1982-1989	25	11.85
1990-1999	68	32.23
2000-2006	97	45.97
無回應	7	3.32
總數	211	100

資料來源：慶縣村黨支部書記問卷調查（2005-2006 年，由本書作者主持）。

圖 1-1：新社會階層人士在慶縣新委任村黨支部書記中所佔比例

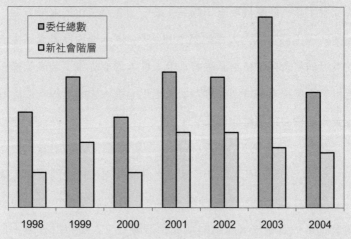

資料來源：慶縣村黨支部書記問卷調查（2005-2006 年，由本書作者主持）。

數達到高峰後，後備人選也相應逐步用盡。更重要的是，江澤民提出的「三個代表」理論也引發了官方意識形態領域裡新一輪關於私營企業主階級屬性的爭論；隨著意識形態之爭重燃，慶縣的領導幹部在吸納私營企業主和致富能人這一敏感政治問題上暫時採取更為謹慎穩重的立場也是可以理解的。[12] 值得指出的是，在此時期，儘管存在上述因素的影響，中共慶縣縣委仍然態度鮮明地吸收了更多私營企業主和其他致富能人擔任村支書職務。在 2005 年召開的一次縣委、縣政府幹部會議上，慶縣縣委書記在其講話中再次強調，「在深化市場經濟改革的過程中繼續從新社會階層中吸收有才幹的人才，以加強中國共產黨基層組織的領導，對我們而言是非常關鍵的工作。這將繼續是全縣黨建工作的重點之一」[13]。

獲任命擔任村支書職務的新社會階層人士，其職業分佈包括私營企業主、承包農場主、專業經營戶，以及個體執業的專業人士（如醫生、工程人員、農機服務業者、運輸個體戶等）等，

---

[12] 關於「三個代表」理論，參考：Bruce J. Dickson, "Dilemmas of Party Adaptation," in Peter Hays Gries and Stanley Rosen (eds.), *State and Society in 21st-century China* (New York & London: Routledge, 2004), pp.141-158; Tsai, *Capitalism without Democracy*, pp.60-66. 關於在「三個代表」講話後中共黨內針對吸納私營業主的爭議，參考：Bruce J. Dickson, *Red Capitalists in China: The Party, Private Entrepreneurs, and Prospects for Political Change* (New York: Cambridge University Press, 2003), pp.98-107; Bruce J. Dickson, *Wealth into Power: The Communist Party's Embrace of China's Private Sector* (New York: Cambridge University Press, 2008), pp.70-79.

[13] 某縣幹部會議筆記，2005 年 9 月。

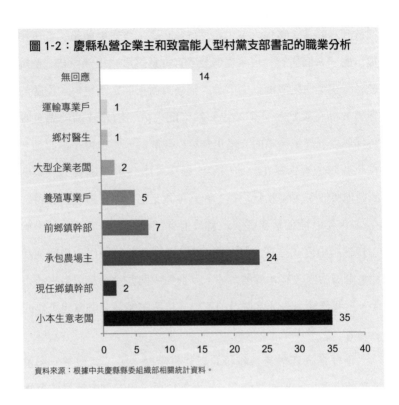

圖 1-2：慶縣私營企業主和致富能人型村黨支部書記的職業分析

資料來源：根據中共慶縣縣委組織部相關統計資料。

不一而足。圖 1-2 展示慶縣自 1998 年以來所有現任村支書的詳細職業分類統計。從該分類統計可見，在新任職的私營企業主和致富能人村支書之中，小企業主和農場承包者所佔比例非常之大，其次則是諸如醫生或運輸司機之類的專業經營個體戶。而傳統的純農民式幹部的人數在慶縣新任職村支書中所佔比例則達到歷史新低。

中國共產黨基層組織領導構成發生這樣的轉型絕非偶然。實際上，自二十世紀九十年代起，選拔有企業經營管理背景的人士去填補中共基層領導崗位的空缺，早已成為慶縣縣委幹部工作的指導方針之一。其背後的考量正如一位中共慶縣縣委負責人解釋的那樣：

在慶縣，我們需要讓那些懂得如何在市場上獲得成功的人來領導黨的基層組織。不這樣做，我們就無法把農村廣大渴望脫貧致富的群眾吸引並團結到中國共產黨的旗幟下；假設一個人自己都無法致富，任命他擔任黨的基層領導是難以令群眾信服的。**14**

任命經濟上取得成功的致富能手擔任共產黨重要的基層領導職務也並非是慶縣獨有的做法。例如，由民政部主辦的一份

---

14 對某縣縣委主要負責幹部的訪談，2005 年 8 月。

政策性期刊《鄉鎮論壇》在 2005 年就曾報導，僅浙江一省就有近 30% 的新任村黨支部書記屬於「先富群體」。在該省一些以私營企業為政府主要稅收來源的地區，這一比例甚至高達 60% 至 65%。[15] 在欠發達的內陸省份情況也頗為類似。根據《領導之友》雜誌在 2006 年的報導，在山西省河津市（縣級市）的 148 個鄉村中就有 60 個村的村黨支部書記或者村委會主任是私營企業主。[16] 2003 年，另一份刊物《領導決策信息》更是明確呼籲，對「村民選舉的『富人化』傾向要依法保護」[17]。同年，江蘇省農業廳主管的期刊《江蘇農村經濟》發表的一篇文章更是將此呼籲直接表達為一句簡潔醒目的口號：「沒有致富招，不能當村官！」[18]

誰是致富能人村支書？

如果企業家型村支書在中國農村政治中的地位上升是具有

---

15 黃鳳：〈浙江村官有三成是富人〉，《鄉鎮論壇》2005 年第 5 期，第 12 頁；顧正喜：〈我國農村先富群體參政的激勵結構及規範指導〉，《探索》2004 年第 1 期，第 38-41 頁；王增傑：〈農村富而為官現象透視〉，《中共烏魯木齊市委黨校學報》2002 年第 6 期，第 16 頁。

16 潘其勝：〈透視富豪村官現象〉，《領導之友》2006 年第 3 期，第 28 頁。

17 〈村民選舉的「富人化」傾向要依法保護〉，《領導決策信息》2003 年第 39 期，第 24 頁。

18 馬宏硯：〈沒有致富招，不能當村官〉，《江蘇農村經濟》2003 年第 4 期，第 41 頁。值得注意的是，本文作者來自《農民日報》。

如此廣泛影響力的一個趨勢，那麼有關這部分新興農村領袖群體的一系列政治問題就頗值得探討：他們是如何被選拔出來的？他們與上級鄉鎮及縣級黨政領導之間的關係怎樣？他們在體制中究竟是循何種路徑而走上中國共產黨基層組織的主要領導崗位？

在慶縣，村支書的任命依然主要是來自上級的政治決定。畢竟，村黨支部是屬於中國共產黨組織牢固而嚴密的「民主集中制」體系在最基層的組成部分，並非像村民委員會一樣屬於自治機構。村支書的遴選往往由鄉鎮一級黨委領導負責。[19] 儘管縣級黨委有時會就任命個別特別有經濟或政治影響力的致富能人擔任村支書直接給予意見，但在絕大多數情況下，通常是由鄉鎮黨委書記主持行使任命村支書的權力。

自二十一世紀初以來，在中央政府大力提倡和號召「村務公開」的大環境下，傳統的村支書選拔過程也開始增加了公共諮詢和民主選舉元素。不同於中國其他一些地區實行的更直接的「兩票制」[20] 選舉方式，慶縣的做法是將村支書的選拔與村民代表會代表選舉相結合。在此制度安排下，任何一位候選人若想要獲鄉鎮黨委任命擔任村支書職務，則必須要首先當選本村的村民代表會成員（註：村民代表會是一個由村民自由選舉產生、相當於村莊小議會的組織，詳

---

19 這些黨委領導通常包括書記、副書記和鄉鎮黨委成員。其中，鄉鎮黨委書記擁有最大發言權。

20 Lianjiang Li, "The Two-ballot System in Shanxi Province: Subjecting Village Party Secretaries to a Popular Vote," (1999) *The China Journal* (42), 103-118.

見本書第三章），而一位現任村支書如果在村民代表會選舉中落選，則會被上級黨委免去村支書職務。[21] 這樣，在原本是不公開性質的村支書選拔過程中引入了有限的公共諮詢與民意表達的機制。在慶縣，雖然村支書的選拔由負有管轄責任的上級鄉鎮黨委領導來負責，但普通村民仍可以通過村民代表會成員選舉中的投票來行使實質上的否決權。簡而言之，在慶縣，上級黨委的支持和社區群眾通過選票表達的認可對村支書任職均具有影響力。

在上任後，這些由私營企業主和致富能人中而來的村支書與上級鄉鎮黨委領導之間的關係則變得相當複雜。一方面，由於在發展經濟這一目標上他們具有根本的一致性，鄉鎮領導通常給予新獲任命的私營企業主村支書相當大的自主權。而另一方面，鄉鎮領導仍然力圖保持其對基層農村社區的傳統影響力，因而對企業家型村支書的決策和管理也予以嚴格監督與控制。鄉鎮領導採取各種正式或非正式的手段來施加影響，包括年度村支書工作考評、村級建設資金分配、稀缺資源（如參軍名額）的劃撥，甚

---

21 根據某縣《關於村組織的管理辦法》，「村支書未能贏得村級民主選舉，沒有被選入村委會或者村行政委員會的，應該辭職」。在 2001 年的第一次村委會選舉中，只有 85.4% 的某縣現任村支書贏得了選舉。而那些落選的則馬上被免職。在 2006 年進行的第二次選舉中，通過率提高到了 92.8%。參考某縣縣委辦公室：《某縣村支模式資料彙編》，2005 年，第 73 頁；某縣縣委組織部：《全縣第七屆村民委員會換屆選舉工作情況統計表》，2006 年；Xiaojun Yan, "The Democratizing Power of Economic Reform: The Revival of a Representative Institution in Rural China," (2011) *Problems of Post-Communism* 58(3), 39-52.

至行政許可的簽發等不同渠道。特別是當有村民投訴、舉報或者控告現任村支書時，鄉鎮黨委書記將在後續處理過程中發揮舉足輕重的作用。通常，組織上會對有關情況進行調查，鄉鎮黨委書記對涉及的村支書的政治前途擁有絕對酌情權；在非常嚴重的情況下，若上級認為某位村支書已不適合或者無法再繼續擔任其職務，一個工作組會被派去接管村黨支部的工作，直到被投訴、舉報或者控告的問題得到妥善解決。

當然，更值得留意的是，這些農村的新興經濟菁英和致富能人通往政治權力的道路並不平坦，往往受到多重因素的制約和影響；這些因素既包括他們各自經營的產業或者執業的專業性質，也包括他們的人脈資源、黨派從屬、社會基礎及個人經歷等等。不同特質造就了新社會階層人士村支書群體內部的多樣性。在慶縣，得以擔任村支書職務的致富能人大致可以被劃分為以下六大類別。

在外地經營大型企業的慶縣籍企業家

這一類私營企業主村支書通常在鄰近的大城市（如北京及天津）擁有一間相對大型的私營企業，但依然保留著他們在慶縣老家農村的戶籍。他們經營的企業在地理上距離家鄉遙遠，故而他們既毋須與村民、亦不必與原籍黨委政府建立任何代理或依附關係。這些企業家在外地經商致富的事跡令他們在鄉親們之間家喻戶曉，尤其是為他們所屬的大家族贏得巨大聲望。這些慶縣籍

私營企業老闆所擁有的雄厚財力使他們可以（即或不一定是由於義務上的要求）對故鄉社區給予經常性的經濟或非經濟資助；但正由於這樣的捐助關係，這些私營企業主也自然而然地在原籍農村社區公共事務的問題上逐漸享有一定發言權。此外，這些企業主在大城市開辦的私營工廠也往往為那些進城尋找打工賺錢機會的鄉親提供第一份工作和來到城市的第一處落腳點，從而享有很大威望。因此，這一類別的私營企業家通常是被鄉鎮黨委邀請回村擔任黨支部書記；鄉鎮黨委期望他們可以幫助當地大力發展地方經濟和改善村莊的公共服務（註：本書第三章會討論村級公共服務所面臨的財政枯竭問題）。[22] 這一類別的企業家和慶縣當地黨政領導機關在除了經濟發展目標的共識以外往往只保持最低限度的聯繫，其權力基礎或多或少是基於社區鄉親對他們能夠帶領村民致富和改善公共服務的信任和期望，而非其他因素。[23]

擁有族長地位的當地企業家

第二類私營企業家村支書則是在本村成功經營私營企業的商人。有趣的是，田野調查研究發現大多數這類本地企業家在本

---

22 在接受任職後，這些村支書將回到所屬的社區居住並履行職責。有些會攜家庭成員回去，有些則把家人留在城市而自己兩地奔波。因為某縣距離北京天津等大城市較近，一些企業家選擇一週之中安排兩天去企業管理業務，其餘時間則留在村裡辦公。

23 對鄉鎮黨委副書記的訪談，2005 年 10 月。

村的家族社群裡常常排在很高的輩分。雄厚的財富再加上輩分之高使他們在村莊熟人社區中擁有德高望重的權威。他們中的不少人為一個或多個大家族擔任著「總理」[24] 的角色。儘管這些企業家將自己的工廠或產業設在當地村莊，但他們並不必依賴當地政治權威的庇護——這往往是因為他們開辦的工廠通常具有很高的流動性；若當地的政商關係和營商環境無法達到預期，這些企業很容易被遷移至其他地方。同時，這些盈利企業也常能為社區鄉親們提供就業機會、現金資助和其他一些物質福利。商業上的成功與道德權威以及族長地位互相疊加，造就了這一類村支書在當地社區裡異常牢固的政治權力基礎。

專業人士

有些新任的致富能人村支書並非企業家，而是專業人士，例如鄉村醫生、運輸專業戶或者農機專家。他們在當地社區開展以個體形式經營的業務（如農機服務站、跑運輸或者醫療診所等），藉助自己擁有的知識或特殊技能為社區居民服務，並因此而逐步致富。這些專業人士居住在原籍所在的村莊，為農村社區提供基礎性的公共服務。由於其執業和經營的相對獨立性，這些

---

24 在某縣，總理負責安排和主持同族成員的紅白喜事。總理出面主持是這些人生大事得以順利舉行必需的。任何普通農村家庭因此都不能夠去破壞與總理的關係。總理在當地社區是具有高度權威性的人物。

專業人士通常與鄉鎮黨政機關自然保持一定距離；但他們與當地農民社區卻保持著極其密切的社會經濟紐帶——因為他們在經濟上的成功更多地是取決於作為服務對象的村民群眾的信任和持久光顧，而非黨政領導的恩庇。為社區提供的長期服務為這些醫護人員和專業服務人士贏得令人尊敬的聲望，成為他們政治晉升的社區群眾基礎。

承包農地經營的「私營」農場主

中國的農村土地由集體所有，並不能出售給私人。但改革開放時期也出現了一些事實上的（de facto）「私營」農場主。他們屬於某種形式的農業企業經營者，通常通過租賃其他村民的責任田而得以大規模經營私營農業。[25] 農業商品化和農業生產特殊的「在地性」使這些新興的「農業資本家」迫切需要與鄉村政府及生產經營所在地的農村社區保持極為密切的友好關係；因為其生意的成功必然依賴於當地農戶家庭（作為實際上的「地主」出租土地使用權）、鄉村集體經濟組織（作為法律上的土地所有者認可出租合同）和地方黨政機關（承認土地租賃行為的合法性

---

25 和中國其他地區一樣，在某縣，農業用地歸村委會集體所有而非私人財產。在包產到戶制度下，農戶僅擁有他們配額土地的使用權。然而，從二十世紀九十年代起，因為農業稅費負擔過重，許多農戶決定出租他們的責任田使用權。這些土地被籌劃發展大規模有機農業生產的私營企業家獲得。十年之後，在很多村莊，這些農業企業家通過租賃使用權掌握了面積巨大的農田，於是變成事實上的「私營」農場主。

並簽發行政許可證）三者的協作和配合。由於這些「私營」農場主往往支付高額的土地租金，亦為村民提供就業機會並且時常捐助當地公共福利項目，故而他們通常與其農場所在地的村莊發展出十分良好的合作關係。而對鄉鎮政府而言，私營農場形式的有機農業、養殖業和旅遊業亦成為可提供額外稅收並發展成為推動經濟發展的又一個新興產業。來自鄉村社區的支持和上級黨政部門的鼓勵這兩大因素結合起來，最終構成「農業資本家」們能夠獲得村支書職位的推動力。

以前處於邊緣崗位的村幹部

在慶縣，還有一類先富階層黨支書則具有雙重身分：一方面他們從前做過較為低級邊緣工作崗位的村幹部，另一方面現在的身分又變成私營企業主。這類村支書大多數是退伍軍人，成為村支書主要是由於經商成功以及過往以村幹部身分參加村莊管理的經歷。這些村支書通常在中國人民解放軍服役期間加入中國共產黨，按照慣例在退伍後被安排到鄉村政府任職某些邊緣崗位（如民兵隊長等）。在二十世紀九十年代市場經濟大潮中，這些退伍軍人利用在軍隊期間掌握的特殊技能（如駕駛、機械維修等）開始經營個人生意，並因之而致富。他們的成功嚴重依賴於地方政治權力人物的庇護，其職業道路則被他們與地方領導之間的密切紐帶所塑造。他們之所以贏得村莊黨的基層組織最高領導職務，通常是得益於他們所具備的雙重資格，即：在地方黨委領導的眼

中他們具有政治可信度，而在普通村民眼中他們又擁有吸引人的成功致富經驗。

社群領袖型企業家（communal entrepreneurs）

社群領袖型企業家往往是在一些存在家族世仇或宗族對立衝突現象的村莊中被選拔為村黨支部書記。這些私營企業家通常在社區事務中扮演具有影響力的族長、耆英或者仕紳角色，善於調解與化解對立的派系、宗族甚至民族之間的矛盾糾紛。這些社群領袖企業家之所以能夠解決農村社區內部紛爭，原因在於他們擁有高超的組織技巧和雄厚的經濟實力，並且通過向村民提供就業機會、資助、保護以及攀扯宗親關係等形式，建立起與衝突各方人士的聯繫。在某些分裂態勢嚴重的村莊，地方黨政領導更傾向於挑選這些能力足以穩妥老練地調解紛爭，並能在村莊日常政治中發揮調和作用的中間人擔任村黨支部書記。正如一位受訪者形容的那樣，社群領袖型企業家被選中擔任黨的基層組織領導，是因為他們「有能力把分裂的社區重新黏合在一起」[26]。

政治資本：致富能人村支書的權力之路

在毛澤東時代，中國的私營企業主甚至個體經營戶都被視

---

26 在某縣的採訪，2005 年 10 月。

作是沒落的資產階級或者小農經濟在社會主義社會的殘餘力量，因而政治上「落後」、社會地位低下，在持續不斷的群眾運動中淪為被批判、鬥爭的對象。自二十世紀八十年代起，以商品經濟為導向的市場化改革推動了商業活動的興旺，也令私營企業主和個體戶階層得以重新發展起來，並逐漸進入國家正常的政治生活。2002 年中國共產黨第十六次全國代表大會正式允許私營企業主作為一個社會階層加入中國共產黨；這標誌著中國共產黨在經典列寧主義有關無產階級政黨性質的論述基礎上，因應改革開放的新形勢和新條件，對建黨理論進行了發展和創新，實際上給予已具雛形的中國私營經濟菁英階層以政治上的入場許可。

然而，在地方基層社會，黨的全國大會所作出的政治決定尚不能立刻成為一個足以使私營企業主獲得實際政治權力的行政命令。在中國政體的最基層，私營企業主和致富能人階層得以重新成長為一支重要的政治力量，並不僅僅是由黨中央的意志從上至下來完成的；相反，這是一個相當複雜的、「在地的」（localized）社會和政治過程，幾乎涵蓋農村社區生活的方方面面。在這個複雜過程中，私營企業主和致富能人們將經濟上的成功、雄厚的個人財富及中央的政治論述結合起來，在農村社區將之轉化為實際的社會聲望和實在權力。在慶縣，這個複雜的轉換過程主要透過私營企業主和致富能人參與三種形式的活動來實現，即：慈善活動、社區服務，以及與政府部門的商業協作。透過參與以上活動，這些經濟成功人士「巧妙地」運用自身的經濟

財富來贏得社區信任、政府承認，最終獲得政治委任。

慈善活動

中國農村的經濟菁英與其所在的鄉村社區生活存在根源性的關聯。他們的社會聯繫、政治影響或經營活動與村莊社區內的人際關係網絡緊密交織。基於中國農村傳統講究「本鄉本土」的地方主義道德觀，這些經濟成功人士在致富之後往往仍比較看重自己所在的鄉村社區的福祉與集體利益。他們通過長期贊助本村的慈善活動，逐漸經營出一個為本鄉本土社區「無私奉獻」的慈善家形象，有效消弭了社區其他成員對先富階層尚存的道德質疑，並進而獲得社區鄉親的信任、支持以及讚許。

在慶縣，富裕的生意人家庭往往在自己村莊的不同公共建設工程或者福利項目中發揮重要的作用。他們為這些公共工程或者福利項目提供資金資助，並協調或者幫助工程和項目的進行。譬如，一些私營企業家出面洽談本村的公共建設項目，以幫助這些工程以優惠價格獲得建築材料；或者在預算資金有限時，他們會在運輸費用等方面給予補助或者免費服務。當一些受僱於自己企業的村民員工需要為公共建設項目義務幫工時，私營企業主樂於為他們提供帶薪假。私營企業主和致富能人也時常向旨在照顧村莊鰥寡孤獨等弱勢群體的社會福利或教育項目給予直接捐助，例如為學校捐建校舍、為貧苦學生提供學費資助或者為老年人提供醫療費用補助等。這些不同形式的社區捐助都是私營企業主

和致富能人為社區提供服務和獲得支援的重要途徑。[27] 由於中央財政對村莊公共服務所能夠提供的轉移支付資金長期不足，自從二十一世紀初國家農業稅被取消後，地方私營企業主和致富能人對村級公共建設項目的贊助和參與顯得日益重要。[28]

「基於鄉土之情的道德義務」

「發家」是中國農村每家每戶的夢想。作為幸運地在市場經濟改革中成為先富階層的一員，慶縣的私營企業主和其他致富能人往往覺得他們不僅有能力、也有義務去幫助尚未脫貧的鄉親父老跟上時代的發展步伐。這些村莊經濟菁英常常懷著這種「基於鄉土之情的道德義務」（*Noblesse oblige*）為村莊社區作出力所能及的貢獻，但這些貢獻的客觀結果也成為他們日後獲得村民支持的重要政治資歷。在慶縣，先富階層人士對鄉親們提供的類似幫助主要體現在僱傭關係上，特別是企業管理層職務的招聘。獲聘在私營企業的管理崗位工作的村民除了賺取較高的經濟收入之外，同時也獲得有用的商業知識和管理技能。此外，企業的初級崗位（譬如實習員工和學徒工等），亦為村莊的年輕人提供了切實

---

27 需要指出，這些捐款背後的動機未必一致。有時企業主是由於政府壓力而捐款，有時則是因為企業主在某些福利活動中發現了商機，不一而足。儘管捐款背後存在各式各樣的原因及動機，但普遍來說，村民們仍然感謝致富能人群體對社區大眾福利所做的經濟貢獻。

28 對縣級幹部的採訪，2005 年 8 月。

幫助——因為缺乏必要的職業培訓是農村青年在大中城市打工求職所面臨的一大障礙。由這些本鄉本土的私營企業主所提供的寶貴職業培訓和就業機會，以及企業家自身作為成功人士的榜樣作用，使他們也得到村莊社區年輕一代村民的尊敬與支持。

在慶縣，先富起來的私營企業主和致富能人尤其覺得自己有責任和義務向他們同一家族的遠近親戚分享寶貴的市場訊息和知識。在某些社區，這種無私慷慨幫助的效果格外突出。譬如，同一姓氏的多個農民家庭往往經營一樣的生意行當，又或是作為互補型的商業形式經營上下游生意。這種現象充分說明在先富階層影響下村民積極致富的強大的慣性作用，也彰顯了先富起來的農村企業家階層對其所處的村莊社區所產生的正面榜樣效應。

有時，私營企業主和其他致富能人也通過親身率領或資助村民們的集體抗議行動，來實踐他們對於村莊社區的「義務」。這些集體行動涵蓋各種各樣的形式，例如：法律訴訟、抗議、請願、示威以及基於宗族或歷史仇恨的武裝械鬥等。在慶縣，私營企業主們通常為與村莊集體利益攸關的集體行動在金錢上提供慷慨資助。他們也會在集體行動過程中提供專業建議、扮演領導角色，甚至偶爾會動用他們在社會上的人脈關係去幫助村民贏得滿意的結果。通過支援、參與甚至領導這些集體行動，私營企業主們不僅在本地鄉村社區樹立了極其高大的形象，也令地方黨政領導注意到他們潛在的強大動員號召力，其潛在作用愈大則愈促使政權願意吸納這些能人進入體制之內。

與政府部門的商業合作

地方經濟菁英與政府部門進行商業合作，更是在有利可圖的同時亦獲得政治資本。例如，自二十世紀九十年代以來，慶縣一些村委會逐漸把以往由集體所有的工廠和保留的「集體用地」轉租給私營企業主經營。[29] 這些企業家向村委會繳納一定比例的年度利潤，以此換取對所獲企業擁有完全的控制權。實際上，不少私營企業主正是通過這樣的商業合作挖掘到人生「第一桶金」。通過長期商業合作，私營企業主和地方黨政部門建立起利益關係，並進一步培養互信。雙方的良好關係在之後的村支書選拔過程中將發揮決定性的作用。

為何先富階層人士願意擔任村支書？

參與政治，特別是擔任領導職務，一向是成本高、費時間和花精力的一件事。為何慶縣的新興經濟菁英願意費時費力、甚至不怕麻煩，去義務擔任中國共產黨在農村地區最基層組織——村黨支部——的領導工作呢？

尋租行為

筆者綜合在慶縣的田野訪談發現，慶縣的私營企業主之所

---

29 保留的集體用地指沒有分配到各農戶但由農戶承包經營使用權的農業用地。

以願意接受村支書的政治任命，最具說服力的原因仍是基於經濟利益或經營利益。特別是對於那些生意成敗深度依賴地方政治資源和關係網絡，或直接與地方政府部門商業合作進行聯合開發項目的私營企業主來說，尤其如此。事實上，通過擔任農村黨支部的主要領導職務，私營企業主可以在某一程度上得到經濟收益和經營便利的保證。正如一位私營企業主村支書解釋的那樣：

我的工廠和生意就在這個村子裡。過去我差不多每天因為各種事情都要和村委會打交道 …… 在我當上村支書之前，我要花費大量的時間去與那些其實根本不懂我生意的村幹部周旋。現在（當上村支書後），這些事變得容易多了。我可以集中精力在我的企業發展計劃上，鑽研怎樣提升產量、改進質量。這對我和村子來說也是種雙贏。**30**

對於私營企業主而言，政治身分影響著他們與當地有權有勢的鄉鎮黨政領導幹部之間的關係。擔任村黨支部的主要幹部，是與在各種商業事務上有舉足輕重發言權的上級領導幹部培養密切個人關係的一條最有效途徑。這種關係有時可以進而發展成後台關係，可以為企業家現在和潛在的經濟利益提供有力的保護。

---

30 與某縣致富能人村支書的座談，2005 年 10 月。

政治志向

在中國的社會環境下，政治職務是身分認同和各種保障的重要來源之一。成為村支書也令私營企業主獲得對於體制的歸屬感，覺得自己是體制內的一分子，同時也滿足了他們參與關乎其諸多切身利益的本地政治運作的願望。正如一位受訪的私營企業主村支書提到的那樣：

在過去，私營企業主是被排除在社會主義制度之外的。我們曾經是「異類」、甚至是政治上「不可接觸的」那部分人。擔任黨支部書記對我們而言首先是一種政治上的肯定——它確認我們這些私營企業主是屬於這個政治體制的。這於我們而言是非常重要的一件事。[31]

對於政治抱負遠大的農村經濟菁英而言，村支書職位也是一個「起點」。村支書職務是便利他們日後當選地方人大代表或者政協委員的踏腳石。地方人大代表或政協成員的身分具有重要作用，一方面，這些身分可以避免私營企業主的生意經營和日常生活遭受不必要的政府干擾；更重要的則是，地方人大和政協提供了一個安全的發言平台，使農村經濟菁英也可以就與他們利益攸關的重要政策問題發表意見，並可能獲得寶貴的機會去結識

---

31 同上。

原先難以接觸到的重要地方黨政官員。一項由中華全國工商聯於2006 年進行的調查顯示，全國範圍的私營企業家群體都對參加全國及地方級別的人大和人民政協具有高度興趣。在受訪的私營業主中，28.8% 的人選擇把「加入人大或政協」列為他們「最迫切的目標」。[32] 對於不少慶縣的新興經濟菁英而言，擔任村支書是為他們將來在更廣闊的舞台上發揮政治影響力而踏出的極為有效的第一步。

家族利益

新興經濟菁英出任村支書的另一個主要動機是期望藉此在村莊內部權力結構中更好地保衛自己宗族的利益。雖然這並不必然與家族之間的歷史矛盾有關，但在村莊裡，如果某一家族代表佔據村黨支部的主要領導職位，在未來需要解決宗族之間的爭鬥時，將會有莫大的影響。更普遍的情況是，在一個多個宗族共處的村莊裡，某個企業家或者致富能人贏得村支書職位會成為該家族的集體榮譽，也會被認為是有益於本宗族的集體福利。一位村民如此解釋：

如果和你同一個姓氏的人贏得村支書一職，這對你們整個家族來說都是一種榮譽。在我們這裡，大家抱有很深的宗族觀

---

32 參見《中國私營經濟年鑒》，北京：中華工商聯合出版社 2007 年版，第 57 頁。

念——如果族內有一戶人家有紅喜事，那和他同姓的每家每戶都會在自己的門上貼一個「喜」字來慶賀。宗族團結的確在村內生活中扮演一定角色。如果我們宗族中有人有可能當上村裡的領導，那我們全宗族一定都會盡全力幫助他得到這個位置。[33]

可見，謀取基層黨組織領導職務被認為是整個宗族需要集體努力的事情；一位成功的私營企業主或致富能人很難抵抗來自其宗族內部要求接受任命以便捍衛宗族榮譽和利益的壓力。在世仇或者派系鬥爭嚴重的村莊，這種來自宗親勢力的壓力則更為明顯，對當事者而言也更加無法抗拒。

社會名望

生活在本地熟人關係網絡之中的農村私營企業主之所以願意擔任村支書職務，另一個需要考慮的動因是社會名望因素。過去，無論在傳統中國的文官制度還是毛澤東時代的貧下中農幹部領導體制下，商人和企業家在社會等級中均處於底層位置。在意識形態層面，儒家文化認為商人是重利輕義的「不道德」力量；1949 年以後，革命平等主義之下，商人和企業家階層也持續受到政治歧視。自二十世紀八十年代起的市場經濟改革顯著提高了私營企業主的政治地位，然而社會仍普遍對他們的品德抱有懷

---

33 與某縣村民代表的座談，2005 年 8 月。

疑，「無奸不商」、「為富不仁」等説法仍是常見，革命年代對私人資本的道德譴責和負面宣傳的影響一時之間也難以完全消除。因此，當官方宣傳經濟上成功致富是一種「光榮」時（「致富光榮」），新興的私營企業家和其他致富能人既有極強的動機又有充分的能力去謀求政治地位和獲得社會聲望。擔任黨的基層組織主要領導職位是一件「長面子」的事，可以提高私營企業主的社會聲譽，同時亦有可能滿足他們迫切的需要，來獲得鄉村社區的道德認可。

新鄉村政治

正如帕特南所言，「政治菁英集體的變遷可以為分析歷史大趨勢提供關鍵性的判斷依據」[34]。慶縣新興的私營企業主和其他致富能人村支書群體在中共基層組織中的崛起，生動顯示在改革開放時代，市場經濟的改革已經、並將繼續為中國農村地區帶來深刻的管治結構變化。

與過往主要是貧下中農出身的隊、社幹部相比，慶縣的私營企業主和致富能人村支書在諸多方面具有顯著特點。首先，相比以往的貧下中農幹部，致富能人村支書們往往接受過較高程度的正規學校教育，其市場知識和經驗通常也較為豐富。技術知識

---

[34] Putnam, *The Comparative Study of Political Elites*, p.166.

和管理技能是中國農村經濟發展最亟需卻又短缺的資源。基於這些經驗、技能和知識，先富階層村支書總體傾向是「以發展為導向」和重商主義；事實上，他們當中有很多人經常為本村招商引資和吸引人才，這些行為都為本鄉本土社區直接帶來經濟機會和發展動力。

其次，致富能人村支書的權力既來源於上級黨組織的賞識提拔，又有社區村民的支持基礎；不同於之前的貧下中農村幹部，這些新社會階層村支書在行使權力和做決定時，必須顧慮對上和對下兩方面的負責和平衡。相比之下，在不少文學作品和新聞報導裡猶如「土皇帝」的傳統貧下中農村幹部在處理涉及社區利益的事務時，則很少受到同等約束，也缺乏向村民群眾開展集思廣益、民主諮商的動力。新興私營企業主和致富能人村支書們相較以往的村幹部更強調以社區為本的原則，往往更依賴於社區鄉親的支持和適當的民主程序去完成各項決策。

第三，由於私營企業主和致富能人村支書擁有與外部世界廣泛的商業聯繫，因此相較於傳統的貧下中農式村幹部而言，他們對外部世界的視野通常更為廣闊，在工作中更有能力根據市場原則改革現有的村級公共服務體系。在慶縣，多個私營企業主村支書上任後，在本村推行了一系列創新型的公共福利措施，包括集資醫療保險、互助信用合作以及法律援助等，這些改革都從不同方面有益於提升農村公共福利的品質，也有益於促進提高農村治理的質素。

第四，儘管不能排除個別私營企業主村支書可能以賄賂、回扣及其他非法所得等形式與上級黨政機關領導幹部保持著灰色甚至黑色的利益關係，客觀上說，慶縣大多數私營企業主和致富能人主要還是通過商業合作和發展地方經濟才得以與地方黨政部門積累長期互信，並在這些合作中建立起密切的個人聯繫。在社區層面，先富階層村支書在商業上經營成功，又積極參與和資助社區公共事務，在調解宗族矛盾和村莊內部紛爭方面也穩妥而老練，這些特點所形成的「模範效應」使他們在本村說話、辦事與過往根正苗紅的貧下中農村幹部相比更具說服力。因此，即便這些村支書在推行如計劃生育或殯葬改革等不受歡迎的國家政策時，也通常並不需過多依賴鄉鎮政府提供的強制手段，而是主要依靠村支書個人的威望和辦法，這對於加強村莊的和諧治理是具有實際的積極效果的。

結 語

中國農村地區在過去近四十年的時間裡經歷了深刻的體制轉型。從人民公社體制到聯產承包責任制的轉變對中國共產黨在農村基層的權力結構帶來複雜的影響。毫無疑問，經濟體制的轉型不但沒有削弱，反而更加鞏固了中國共產黨在農村地區的認受性基礎——黨依然是鄉村社會最重要、最受信賴的政治力量。然而，經濟體制轉型亦給予黨足夠的壓力和動力去適應和改革其原

有的基層組織領導結構。通過快速吸納在市場經濟中湧現的新經濟菁英進入領導體制、以及淘汰傳統的貧下中農式村幹部，黨致力於夯實其在基層的政治基礎，構建適應市場經濟條件的新的政治認受性來源。

本章亦展現了慶縣的私營企業主和致富能人村支書並非是作為一個具有共同政治信念、偏好或身分認同的同質性政治團體走上中國基層政治舞台的。恰恰相反，私營企業主階層內部的巨大差異性塑造了他們各自通往權力的不同道路。本章提到的六類私營企業主和致富能人村支書——包括在外經營大型企業的慶縣籍企業家、擁有族長地位的本地企業家、本地專業人士、承包農地的農場主、前退伍村幹部以及社群領袖型企業家等，他們在職業背景、人際關係資源及權力基礎上顯然各不相同；但正是這種差異塑造了他們與黨政機關之間的多元類型關係，也最終決定了他們走上村黨支部領導崗位的不同方式。事實證明，慶縣的私營企業主和其他致富能人更傾向運用各自獨特的社會資源、人際關係以及日常「智慧」來設法逐步發展與當地黨委政府的合作、獲取村莊民眾支持及最終走上村黨支部的領導崗位。這些新社會階層人士——至少在慶縣農村——並非是藉集合成為一個有凝聚力的、團結的利益團體來獲得和施展本團體的政治影響力。這與傳統西方政治學對於新興中產階級的預言迥然有異。

改革開放時代中國共產黨的總體適應性改革為黨的基層組織領導結構在二十一世紀的第一個十年所發生的變化提供了有

利的政治環境。筆者的田野調查研究顯示，慶縣新的致富能人村支書在政治上得以崛起的動力同時也源自內生的、根植於傳統村莊社區網絡的力量；這種內生力量在經濟改革期間不但未遭到削弱，反而得到增強。私營企業主和其他致富能人逐漸獲得黨的基層組織的領導權力，這事實上是一個錯綜複雜的政治、經濟和社會過程，當中涉及到由經濟改革所釋放出的新社會力量、中國共產黨自身的適應和創新，以及自人民公社解體後鄉村社區傳統力量的重新振興等多重動力。對於此複雜過程而言，每一個組成部分都是不可或缺的。

中國共產黨領導下具有高度彈性和學習適應能力的政治體制與快速的市場經濟轉型相結合，為願意服務桑梓的中國鄉村的新社會階層人士營造出十分有利的體制背景，令他們在具有改革創新意識的共產黨幫助下，重又獲得在本鄉本土的社會地位和政治威望；改革開放年代嶄新的鄉村權力結構亦為他們提供了全新的機會和可能。致富能人們耀眼奪目的商業成就、對地方經濟發展的深度參與、對村莊社區福利的慷慨貢獻，以及其與上級黨政機關的合作關係，都令他們能夠在全新的政治舞台上施展才華。而黨也通過吸納這些私營企業主和致富能人進入基層組織的領導崗位，進一步擴寬了政權的邊界，增廣了政權的社會支持基礎，還通過這些新經濟菁英帶領村民致富和共富的過程，在最基層的村莊社區提高了黨的認受性、說服力和管治能力。一個正在經歷逐步改革、具有充分能力和願望發揮體制彈性的政體，為中國農

村的經濟菁英們提供了豐富的動力、資源和途徑，並將他們的經濟實力、管理能力和成功經歷轉化為實質的社區權威和國家的管治資源。這也許能令他們在未來為不斷提高國家對基層社會的管治能力和管治質素作出更重要的貢獻。

〔本章英文版曾獲全球中國研究權威期刊、英國《中國季刊》（*The China Quarterly*）2012年度戈登‧懷特獎（Gordon White Prize）。該獎頒發給當年度《中國季刊》所刊登的最具原創性研究成果。〕

第二章

政權吸納的政治意義：

人民政協如何鞏固中國共產黨的執政基礎？

傳統西方學術觀點往往認為：非西方民主式的政體形式，由於欠缺政治認受性及過於訴諸強力手段來實施管控，因而本質上極為脆弱。二十一世紀初，一些中亞和阿拉伯世界的政權在「顏色革命」和「阿拉伯之春」等大規模反體制群眾運動中所遭受的巨大衝擊和潰敗似乎亦印證了上述觀點。然而，中國在過去近三十年時間裡不但造就了驚人的「經濟奇跡」，而且同時經歷經濟騰飛、體制轉型和社會現代化這三個極為重要的經濟社會變革，但其基本政治秩序和社會生活卻長期保持在高度穩定狀態，成為西方學術界眼中的「異數」和難解之謎。相較於中亞及北非那些深陷社會動亂和國家失能的國家，中國不但順利渡過二十世紀八十年代末的嚴重政治、經濟及意識形態危機，更是從九十年代起因勇敢的市場經濟轉型而實現了綜合國力的蓬勃發展，一躍而為當今世界的第二大經濟體。中國的經濟成長和綜合國力躍升甚至令一些西方觀察家開始把其政體模式視為一種正在形成中的、對發展中世界具有借鑒意義的替代性政治共識，並預言其最終足以挑戰以自由市場資本主義與選舉式民主制度為核心標誌的西方政體模式對世界的主導影響。[1]

　　為此，在過去十多年裡，各國政治學者都展開了大量研究，認真審視為何具有中國特色的、集中統一的政權組織形式能

1　Stefan Halper, *The Beijing Consensus: How China's Authoritarian Model Will Dominate the 21ˢᵗ Century* (New York: Basic Books, 2010).

夠在劇烈而多元的社會經濟轉型中保證國家基本政治秩序的安全穩定。今天，世界上不少學者都同意，認真研究具有中國自身特色的政權組織形式及其運作實踐乃是理解中國政治穩定的關鍵之所在。這一見解對從事非西方政體研究的學者而言並不新奇。如貝阿特麗絲·麥格羅尼（Beatriz Magaloni）就曾提出，政治穩定需要有精心設計的各種政治機制來規範執政黨與支持其權力基礎的統治聯盟其他成員之間的協商過程，以及為執政者瞭解、吸納及管控非體制性社會政治力量和潛在政治反對勢力提供條件。[2]

在實際政治生活中，麥格羅尼所總結的這類政權功能往往是由一種特定的政治機制所承擔——筆者在本章中稱其為吸納性政權制度（inclusive regime institution）。肯尼斯·喬維特（Kenneth Jowitt）將政權吸納（regime inclusion）定義為「政黨菁英嘗試擴大政權的政治、生產和決策系統的邊界，從而使其自身與非官方的社會界別融合，從而避免與社會互相隔膜」[3]。而斯蒂芬·懷特（Stephen White）認為吸納性政權機制能夠「吸收和處理社會訴求，增強體制的協商能力，並在體制中體現不同階層民眾的利益，從而防止社會力量提出更深刻、甚至反體制的改革訴求」[4]。

2　同上。

3　Kenneth Jowitt, "Inclusion and Mobilization in European Leninist Regimes," (1975) *World Politics* 28(1), 69.

4　Stephen White, "Economic Performance and Communist Legitimacy," (1986) *World Politics* 38(3), 470.

遺憾的是，在現有關於中國政體的研究中，中華人民共和國的吸納性政權機制迄今並未得到學界的充分瞭解，這導致我們對中國政體運作和政治穩定的制度性原因存在嚴重的知識缺陷。2009 至 2011 年間，筆者在中國北方某縣（以下仍以慶縣代稱）蒐集和研究了該縣人民政協機關從二十世紀八十年代重新設立開始到二十一世紀初期形成的一系列內部工作文件。基於這些珍貴材料，本章系統性檢視和探討有中國特色的吸納性政權機制——中國人民政治協商會議（人民政協）——在地方政治中的功能和政治角色，以及人民政協對於維護社會政治穩定和政權安全所發揮的重要作用。本章用詳實的檔案材料審視慶縣人民政協在逾二十年時間裡的日常運作，力圖展現分屬中國共產黨「統一戰線」重要組織形式的人民政協，作為中國政治體制中核心的政權吸納和協商民主機制，對政治穩定和政權安全所作出的不可或缺的貢獻。[5]

　　通過對黨外菁英和其他社會領袖進行意識形態教育、給予適當政治和物質待遇、鼓勵其通過體制內渠道參與地方政治活動，以及對非黨代表人士的日常思想和政治態度進行關注和管理，地方人民政協不但為黨和政府提供了吸納具有潛在威脅之社

5　某縣人民政協的官方全稱為「中國人民政治協商會議某縣委員會」，但在日常政治發佈中它更經常地被稱為「縣政協」。更多關於統一戰線的信息，請參閱：Lyman P. Van Skyke, *Enemies and Friends: The United Front in Chinese Communist History* (Stanford: Stanford University Press, 1967); James D. Seymour, *China's Satellite Parties* (Armonk: M. E. Sharpe, 1987); Gerry Groot, *Managing Transitions: The Chinese Communist Party, United Front Work, Corporatism, and Hegemony* (London: Routledge, 2004).

會力量的重要平台，也建立起可供各社會力量進行政策討論的潛在論壇和政府聯繫不同社會界別的渠道，以及黨和政府與其最可靠的黨外朋友合作共事的機制。黨和政府也利用政協這個協商民主機構向政協委員們收集建議，並定期組織委員視察，從而間接獲取社會各界對政府管治效果和公共服務水平的評價和意見回饋，以改善治理質量。總體而言，人民政協在黨和政府鞏固執政基礎、改善公共服務品質中發揮的作用不可忽視；通過對有代表性的社會人士的持續工作，人民政協也相應地便利和增強了黨和政府對社會各階層菁英的聯絡和管理。

人民政協作為中華人民共和國的一種獨特的制度性創新，自 1949 年以來已經成為國家極其重要的吸納性政權制度。人民政協幫助黨和政府吸納具有影響力的社會賢達（特別是黨外社會菁英及意見領袖）加入國家體制，這與前蘇聯和東歐社會主義政權高度依賴發展黨外人士入黨（即所謂「政治吸納」）或通過群眾組織和人民團體（即所謂「社團吸納」）進行政權吸納工作的做法具有根本差別。[6] 然而，人民政協這一具有中國特色的吸納性政權制度究竟是如何在日常政治中發揮其作用的？中國共產黨又在多大程度上、以甚麼方式去管理和領導人民政協？政協作為重要的吸納性政權機制，在複雜多變的國內外環境中怎樣為國家政治穩定作出貢獻？

---

[6] Stephen White, "Economic Performance and Communist Legitimacy", 470.

地方人民政協在改革開放時代的復興

　　1949 年中國共產黨取得對國民黨軍隊的決定性軍事勝利後，隨即開始組建人民政協。新成立的政協會議在建國之初不僅承擔了作為新生人民政權的制憲會議的功能，亦成為中國共產黨在奪取全國勝利後鞏固統一戰線、獲取廣泛社會力量支持的一個重要組織平台。[7] 1954 年，在第一屆全國人民代表大會作為憲法規定的國家最高權力機關遵照法律的規定和程序成立後，人民政協完成了它的臨時制憲使命。儘管如此，中國共產黨仍然決定將政協予以保留，將其作為黨和國家一個主要的吸納性政權機制，繼續為鞏固新政權的認受性和對不同階級階層的社會菁英進行政治吸納發揮作用。

　　在文化大革命期間，整個人民政協機構系統同其他絕大多數黨和國家的法定機構一樣處於癱瘓狀態。直至二十世紀八十年代中國進入改革開放時期以後，人民政協系統才得以恢復運作（見圖 2-1）。[8] 1982 年 12 月，重新正常運作的中國人民政治協

7　1946 年，國民黨召開「政治協商會議」，嘗試與包括共產黨在內的不同政治力量建立一個戰後聯合政府。此次舊政協會議失敗後，中國進入一場長達三年的解放戰爭，直至中華人民共和國在 1949 年建立。因此，在中華人民共和國的官方話語中，1949 年後由中國共產黨組織領導建立的人民政協被稱為「新政協」，以同國民黨主導的「舊政協」加以區別。參見《當代中國》叢書編輯部：《當代中國的人民政協》，北京：當代中國出版社 1993 年版，第 1-12 頁。

8　《當代中國》叢書編輯部：《當代中國的人民政協》，第 245 頁。

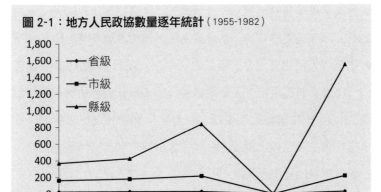

圖 2-1：地方人民政協數量逐年統計（1955-1982）

資料來源：《當代中國》叢書編輯部：《當代中國的人民政協》，第 402-405 頁。

商會議全國委員會（簡稱「全國政協」）通過新章程，將「政治協商」和「民主監督」作為政協系統的兩大主要任務。同年，第五屆全國人民代表大會通過新的《中華人民共和國憲法》。新憲法「序言」明確規定，人民政協是「有廣泛代表性的統一戰線組織」，「今後在國家政治生活、社會生活和對外友好活動中，在進行社會主義現代化建設、維護國家的統一和團結鬥爭中，將進一步發揮它的重要作用」。[9]

改革開放時期的中共中央領導層對重新運作的地方人民政協則規定了適度的任務。根據中共中央辦公廳於 1983 年 1 月發出的一份通知，地方人民政協是黨和國家藉以加強同社會各階層聯繫與合作的工具。[10] 根據此方針的導向，慶縣黨委於 1984 年發出第 14 號文件，對重新組建[11] 的慶縣政協提出四項具體任務：一、調動一切積極因素；二、發揮老幹部的作用；三、團結一切黨外有志之士；四、聯繫各方人士，共同為四個現代化服務。[12]

在這份指導性文件中，慶縣縣委領導班子特意將籌建和發

---

9 《中華人民共和國憲法》序言。但是，新憲法沒有對人民政協的正式架構或法定職能作出規定。

10 《當代中國》叢書編輯部：《當代中國的人民政協》，第 404 頁。

11 同全國人民政協一樣，某縣地方人民政協成立於 1949 年（即人民解放軍佔領該地區兩年後）。然後於 1954 年 12 月被解散（在 1954 年 7 月某縣人民代表大會召開之後數月），從 1954 到 1984 年期間一直未曾召開政協會議。參見《某縣誌》，北京：方志出版社 1999 年版，第 490 頁。

12 《關於籌建中國人民政治協商會議某縣委員會的通知》，檔案 3-5，1984 年 2 月 7 日。

展縣政協的工作與文化大革命之後整個國家恢復和重建的大局結合起來，著重強調縣級政協機構的中心任務是醫治文革所造成的社會創傷和吸納改革開放時代將不斷湧現的新社會力量這兩大工作範疇。文件要求，在籌建縣政協的過程中，要做到三點：

（一）堅決執行黨中央提出的「長期共存、互相監督、肝膽相照、榮辱與共」的統一戰線方針，克服孤家寡人、包打天下的錯誤傾向；

（二）在非黨人士中，廣泛宣傳黨在新時期統一戰線的方針和政策，肅清改造統戰對象的「左」的傾向……

（三）走群眾路線……按照實現政治聯盟的要求，必須在黨所聯繫的各界人士中，挑選有社會影響、熱愛共產黨、擁護社會主義、促進祖國統一的愛國者。[13]

此後，慶縣政協每年都召開一次全體會議，每五年重新遴選一次委員，但是縣政協的使命、組織架構和政治職能自八十年代以來基本維持不變。

---

[13] 同上。

遴選政協委員

對於一個政治組織而言，其遴選和吸收新成員的方式和對象通常會對該政治組織的性質、地位和職能起到決定性的塑形作用。作為中華人民共和國最主要的吸納性政權機制，人民政協對成員挑選標準作了明確而嚴格的規定。根據前述 1983 年 1 月的中共中央辦公廳通知，縣級政協委員候選人必須屬於以下九類人士之一，包括：黨外知識分子、（私營）企業主、少數民族和愛國宗教人士、1949 年前後前往台灣的國民黨官員的親屬、歸國華僑及僑眷、國民黨起義軍官、八個民主黨派成員、有影響力的無黨派人士，以及台灣同胞。[14]

根據中央文件的要求，慶縣縣委進一步在文件中要求政協委員候選人必須「政治道德好」、「有知識、有才能、有聲譽」、是黨所聯繫的各界人士中「熱愛共產黨、擁護社會主義，促進祖國統一的愛國者」。[15] 另外，1990 年 4 月該縣政協在一份工作報告中提出，在政治標準之外，遴選政協委員亦應考慮候選人的文化素質和能力水平，包括接受正規教育的程度（或同等的專業知識水平）、參政議政能力和社會影響等。[16] 由於中國在改革開放

---

[14] 《當代中國》叢書編輯部：《當代中國的人民政協》，第 404 頁。

[15] 檔案 3-5。

[16] 《某縣政協換屆領導小組關於換屆籌備工作情況的報告》，檔案 1-5，1990 年 4 月 11 日，第 3 頁。

時代大力發展教育事業，九十年代慶縣政協委員的平均受教育程度相較於八十年代初期得到顯著提高（見圖 2-2）。然而，在慶縣的實際運作中，縣政協委員的入選資格仍然主要取決於地方黨委就各候選人對政權的忠誠度和對主體政治秩序的認同程度所作出的評價。正如筆者蒐集到的一份慶縣第三屆縣政協委員的提名表格顯示，基層黨委在提名這位該縣食品公司退休幹部為政協委員時所寫的唯一推薦意見就是，「能認真執行黨的各項路線、方針、政策，擁護社會主義，擁護四項基本原則」；而該候選人的專業知識和參政議政能力等方面則被忽略不提。[17]

縣政協委員的實際遴選工作則是由中共慶縣統一戰線工作部（以下簡稱「統戰部」）具體負責。一份關於第二屆慶縣政協委員「換屆籌備」工作的報告顯示，這一遴選過程通常包含五個步驟。第一，統戰部審閱每位現任委員的人事檔案並決定其委員資格是否可以連任。縣委也制定了一系列客觀指標體系來決定委員的連任資格問題，包括委員的年齡[18]和健康狀況等；委員群體的職業分佈也是一個突出的決定性因素[19]。同時，為了「平衡」

---

17 《政協某縣第三屆委員會委員推薦表》，檔案 6-2。

18 一般規定，中共黨員年滿 60 歲，黨外人士年滿 65 歲者不再留任。1990 年，政協委員資格的年齡限制降為中共黨員年滿 58 歲、非中共黨員年滿 63 歲。參見《某縣政協換屆籌備領導小組關於換屆籌備工作的報告》，檔案 1-1，1987 年 5 月 6 日；檔案 1-5，第 2 頁。

19 若因工作變動導致其不具有職業代表性，或身體健康存在嚴重問題的委員不得連任。參見檔案 1-1；檔案 1-5，第 2 頁。

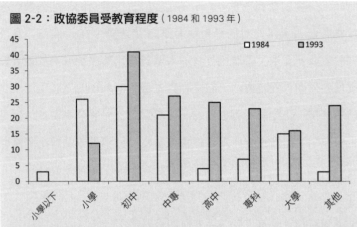

圖 2-2：政協委員受教育程度（1984 和 1993 年）

資料來源：《政協慶縣委員會第一屆委員會委員登記冊》，檔案 6-1，1984 年；《政協慶縣第四屆委員會委員花名冊》，檔案 6-3，1993 年。

黨內及黨外政協委員的比例，有時身為共產黨員的現任委員有可能被勸說退出，以讓出名額給其他非共產黨員的候選人。[20] 第二，統戰部根據連任情況和名額，通知鄉鎮一級黨委以及縣政府領導下的各部委局辦和企事業單位提名候選人，以填補出現的空缺。提名機構所推薦的候選人除在政治標準上必須合格外，提名機構需特別關注的推薦對象是重要的地方民主黨派人士、宗教界人士、成功的私營企業主和中央規定的遴選政協委員的九種類別中的具影響力人士等。隨後，統戰部會對備選者的政治背景和表現進行內部審查，從中確定合乎資格的候選人。由統戰部擬定的候選人名單遂上報縣委常委會討論通過。最後，現屆縣政協會召開會議，正式通過新一屆的政協委員名單，並向社會公佈。[21]

在入選後，縣政協委員依照從事的職業（見表 2-1）被劃分為不同「界別」。在人民政協舉行的正式（例如全體會議或視察活動）和非正式活動中，政協委員通常只能參加自己所屬界別的活動。與地方人大不同，地方政協委員中的共產黨員比例被有意地控制在 40% 左右，以體現政協廣泛吸納社會各界人士的性質（見圖 2-3）。[22] 與全國政協不同，除以職業劃分的界別外，地

---

20 檔案 1-1，第 3 頁；檔案 1-5，第 3 頁。

21 檔案 1-1。

22 檔案 1-5，第 1 頁。非黨員政協委員所佔百分比在二十世紀九十年代初稍有下降。這主要是由於江澤民擔任總書記時期，中共大力吸收企業家、技術能手、專業人士和其他本地菁英加入共產黨。

方政協並不允許民主黨派、少數民族和宗教團體組成單獨的代表團。在慶縣，少數民族人數不多、政治力量微弱，所以政協所設置的限制集體代表少數民族族群利益的制度障礙未遇到明顯的公開反對。但是，地方中共官員可能會在私下承認，民族成分或宗教信仰相同的委員之間比較容易形成較密切的人際關係紐帶。[23] 然而，儘管共產黨員人數在慶縣人民政協組織中並未形成絕對多數，由於採取根據職業劃分界別的辦法，政協仍可確保成員無法經由共同民族成分和宗教信仰聚合成團體。

地方人民政協的職能

慶縣縣委賦予該縣人民政協四項任務：政治學習、委員聯絡工作、考察調研以及向黨和政府提供意見和建議。此外，縣級政協也負責收集和出版地方文史資料。[24] 慶縣人民政協每年召開一次全體會議，時間通常安排在過完農曆新年之後，或在初春，也是傳統的農閒時期。

---

[23] 對某縣人民政協書記的訪談，2010 年 12 月 6 日。

[24] 《突出四個重點，搞好三個轉變，開創政協工作新局面》，檔案 1-12，1993 年 12 月 26 日。

表 2-1：慶縣政協委員的界別組成

界別	各界別政協委員人數		
	1987	1990	1993
黨、政、軍及其他組織	20	25	23
科技	21	16	19
文化與教育專業	18	21	17
健康與醫療專業	11	11	7
工業、建設與交通	13	14	21
銀行與金融	11	13	13
農業與林業	12	13	20
商業	6	7	1
少數民族與宗教團體	8	8	9
港澳台居民家屬	8	11	10
特殊委員（無界別）	4	3	6
鄉鎮企業（1990 年加入）	無	13	14
原文件中難以辨識	無	無	10
總計	132	155	170

資料來源：檔案 1-5；檔案 1-1；檔案 6-3。

圖 2-3：慶縣政協中共委員與非中共委員比例

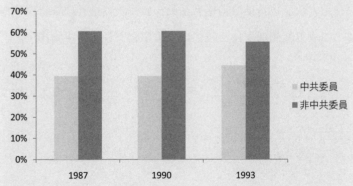

資料來源：檔案 1-5；檔案 1-1；檔案 6-3。

註：受檔案文件複製品質影響，1993 年資料中 13 位委員的政治派別印刷不清，無法識別。

政治學習和委員聯絡

作為黨的主要的政治吸納平台，慶縣人民政協的首要任務是向委員們進行符合國家主體政治意識形態的思想教育。儘管在改革開放時代，黨和政府在意識形態動員和教育方面的程度、重點和方式方法與以前相比都發生了較大變化，但人民政協對於這項任務的高度重視卻始終未改。全國政協在其發佈的一份官方指導文件中指出，「組織各界人士進行時事政治學習和馬列主義基本原理的學習，逐步提高認識，改造思想，不斷清除資本主義和封建主義的思想影響，樹立新觀念，以適應社會發展的需要，是人民政協的一項重大任務」[25]。在一份內部文件中，慶縣人民政協向縣黨委報告稱，「為有效提高委員素質，我們把組織和推動委員學習作為一項重點工作抓，在實踐中不斷豐富學習內容，改進學習方法，力求做到制度化、經常化」[26]。政治學習有多種形式，包括小組會議、個人學習、座談會以及集體講座等。活動的內容包括學習黨中央的最新指示或統一戰線部門頒發的宣傳材料。中央和地方政府也藉助政治學習活動向政協委員進行政策宣講和溝通，以取得他們的支持。正如慶縣政協在一份報告中指出：

> 我們把團結民主黨派、無黨派各界人士作為政協工作的主

25《當代中國》叢書編輯部：《當代中國的人民政協》，第 445 頁。

26 檔案 1-12，第 1 頁。

要任務之一，注重用黨的路線方針政策統一各界人士的思想和行動。每當中共中央作出重大決策，發佈實施新的方針政策，以及縣委作出一些重大決定，我們都採取召開常委擴大會、各界人士座談會、個別走訪交談、製發學習意見、宣傳提綱、利用《政協簡訊》交流學習體會等方式，及時組織傳達、學習，使委員理解精神、把握要點、落實行動。[27]

作為最主要的政權吸納機構，慶縣人民政協亦積極主動進行委員聯絡工作。通過人民政協的委員聯絡工作，黨和政府不斷拉近與有影響力的社會人士之間的距離，加強他們對政權的支持和認同。在慶縣，委員聯絡工作一般可分為下列幾種形式：黨政官員登門拜訪政協委員、組織政協內部的社交聚會、對個別委員進行官方慰問，或向政協委員寄送新聞簡報以及其他印刷品等。[28] 為開展委員聯絡工作，慶縣人民政協下設 19 個「聯絡工作組」，其工作人員均為全職國家幹部，縣所屬的每一個鄉鎮至少要被派駐一名委員聯絡工作人員。委員聯絡使黨和政府得到有效渠道以更好地跟蹤瞭解政協委員的政治思想狀況、及時發現潛在的負面情緒和因素，令政協委員們切身體會到黨和政府對他們的

27《中國人民政治協商會議某縣第二屆委員會常務委員會工作報告》，檔案 1-6，1990年 4 月 11 日，第 3 頁。

28 檔案 1-12，第 1 頁。

長期關心和支持。

「聯絡工作」的另一個重點是在實際生活中向政協委員提供一定的優待和照顧，為委員們辦實事。有時，政協委員能夠繞過或者簡化官僚系統的正常程序和限制而獲得某種特殊照顧。鑒於這種特殊照顧的敏感性，官方文件對此很少涉及；然而，仔細的閱讀者仍可以從中發現一些痕跡。某些案例涉及工作崗位的恢復。如，某位政協委員在文革期間因為有台灣親屬關係而被工作單位無端開除了公職；當選政協委員後，他在 1984 到 1987 年之間的某一時刻曾得到縣政協的幫助，從而恢復了工作崗位。[29] 其他案例也包括給予政協委員「特事特辦」的照顧。例如，另一位縣政協委員，具有台灣人身分，又屬於日本歸僑。因為這些特殊的身分，在從 1962 年開始的連續 30 年期間，根據中央與地方有關政策規定，她一直未能辦理戶籍落戶手續。但就在她成為縣政協委員後不久，這位委員全家的落戶問題都得到一次性解決。[30] 近年來，政協委員享受的照顧也開始體現在商業信息和市場准入領域。事實上，從 1990 年代開始，慶縣政協的一個主要任務就是要幫助政協委員們「致富」。縣政協為委員們組織了一系列內部的研討會、信息分享會或講座，向他們宣傳和推介經商機會和

29 《中國人民政治協商會議某縣第一屆委員會常務委員會工作報告》，檔案 1-2，1987 年 5 月 7 日，第 5 頁。

30 同上。

市場訊息。[31] 縣政協也鼓勵和促進企業界委員之間以政協為平台進行橫向商業合作。[32]

此外，擁有海外親屬關係的政協委員通常得到額外的實質照顧。例如，一份縣政協報告強調，縣政協的工作重點之一是幫助有「香港、澳門和台灣同胞親屬」（即「三屬」）的委員從事商業活動並儘快致富。有趣的是，該文件解釋說：

> 針對「三胞」（註：指香港、澳門和台灣同胞）不僅對大陸政策十分關注，更重視他們大陸親屬經濟狀態的特點，我們加強了幫助「三屬」致富的工作，組織召開了三次「三屬」致富座談會和參觀學習會，為他們提供致富經驗、技術和信息。[33]

除了提供市場訊息、財政支援和合作平台外，地方政協也儘其可能幫助「三屬」解決住房、子女教育甚至農業生產所需的化肥、柴油燃料等這些現實生活中的實際困難和問題。[34] 同時，縣政協還協助做好「三胞」來縣探親的接待工作。縣政協報告說：

---

31 同上。

32《中國人民政治協商會議某縣第五屆委員會常務委員會工作報告》，檔案 1-17，2000年 1 月 22 日，第 6 頁。

33 檔案 1-6，第 4 頁。

34 檔案 1-6，第 5 頁；《政協某縣第三屆委員會常務委員會工作報告》，檔案 1-11，1992 年 3 月 21 日，第 6 頁；《政協某縣第三屆常務委員會工作報告》，檔案 1-8，1991 年 3 月 25 日，第 3 頁。

凡來縣探親的「三胞」，政協和統戰部領導主動看望，為他們參觀訪問及生活提供方便；在接觸中主動介紹家鄉變化、經濟形勢，宣傳大陸政策；對於思想上存有疑慮、偏激情緒或某些問題處理不當者，耐心地做好疏導工作。[35]

身為企業家、意見領袖、知識分子、少數民族或宗教團體領袖的政協委員們也在不同程度上獲得這些方面的照顧。[36] 近年來，政協組織向委員提供的此類協助更擴展至金融領域；如最近的一份縣政協報告就指出，僅 2009 年一年，縣人民政協幫助其中青年政協委員從國有銀行獲得總共 2,000 萬元人民幣以上的貸款。[37] 另一份報告亦反映，從 1984 至 2008 年，受到慶縣人民政協協助、由地方政協委員開辦的工廠達 238 個，同期政協委員為全國性慈善項目「光彩事業」捐款達 4,000 萬元以上。[38] 於同一時期，慶縣人民政協共向政協委員介紹了 668 項商業投資信息、落

---

35 檔案 1-6，第 5 頁。

36 對某縣人民政協書記的訪談，2010 年 12 月 6 日。

37 《中國人民政治協商會議某縣第七屆委員會常務委員會工作報告》，檔案 10-2，2010 年 2 月 1 日。

38 二十世紀九十年代創辦的「光彩事業」是一個全國性慈善組織。該組織由中央統一戰線工作部主辦，其成員主要由私營企業主組成。它已經成為將中國「先富群體」捐助的資金用於國家扶貧工作的一個主要機制。參見鄭萬通：〈努力開創光彩事業工作新局面〉，載張緒武等：《中國私營經濟年鑒》，北京：中華工商聯合出版社 1996 年版，第 117-120 頁。

實了八億元投資資金，並向委員推介了 1,510 個工業項目。[39] 一位縣政協委員在訪談中承認，「縣政協為政協委員辦實事，這肯定加強了我們與共產黨的聯繫，也鞏固了我們對社會主義制度的信任」[40]。

在今天，通過政治學習對政協委員進行主流意識形態教育和通過聯絡工作幫助政協委員「辦實事」、在實際生活中給予支持和照顧，已成為縣級人民政協在日常政治生活中的兩大主要功能，這便利了黨和政府加強與黨外菁英及社會賢達的溝通、交流與合作，並有助於加強他們與政權的聯繫、鞏固他們對國家基本政治秩序的支持和歸屬感。

考察、調研和績效考評

檔案顯示，在慶縣政協的日常工作裡，組織委員集體視察、或者就特定政策議題開展調查研究活動也是重要組成部分。縣政協在全年各個時期都可能組織委員的集體視察活動，這些視察的主題十分廣泛，包括了從本地學校校舍的建築質量到清真食品標準的妥善處理等方方面面的課題；而縣政協在委員集體視察中發現的問題，一旦形成文件，幾乎都會引起慶縣主要領導的關注和批示。例如，在某一次集體視察中，政協委員們發現該縣

---

39 《新某縣誌稿第八章》，未刊稿，檔案 10-1，第 26 頁。

40 對來自某縣人民政協的代表的訪談，2009 年 10 月。

一個鎮的學校校舍存在嚴重安全隱患，鎮政府立即對之作出回應和整改。[41] 縣政協委員也可單獨進行訪察活動。譬如，一位政協委員曾發現該縣某一主要市集上有非法賭博情況並向政協書面報告，地方政府因此而展開了一場取締非法賭博活動的大型治安行動。[42] 另一份縣政協報告提到，曾有縣政協委員在 1999 年進行七次明查暗訪，發現當地某些持有向穆斯林群眾提供清真食品許可證的餐廳，實際並未嚴格遵循伊斯蘭教關於處理清真食品的規定。在接到縣政協書面反映後，政府嚴厲懲罰了違規商家。[43] 自1984 年恢復重建至今，慶縣政協圍繞各種重要政策性問題開展了一系列視察活動，包括當地棉花產業的發展（1984）、改革縣級職業技術學校（1985）、振興鄉鎮企業（1988、1989、1990）、加強地方稅收徵繳（1991）、改善下崗工人生活條件（1999）、增建擴建縣城主要道路（1999）、加強網吧管理（2001）、建立農村醫療保險（2004）、保障殘疾人權益（2006）以及城鎮化及開發農用地（2007）等不同議題。大部分由縣政協提出的政策建議受到縣黨政領導的高度重視，縣委縣政府也根據這些建議而作

---

41 《政協某縣委員會前八個月的工作總結和後四個月的工作意見》，檔案 3-3，1990 年8 月 25 日，第 2 頁。

42 檔案 1-8，第 4 頁。

43 《中國人民政治協商會議某縣第五屆委員會常務委員會工作報告》，檔案 1-15，1999 年 3 月 9 日，第 5-6 頁。

出許多政策改變或調整。[44]

　　若涉及的問題更具系統性和全域性的影響，縣政協則可以要求與縣委和縣政府領導舉行特別政治協商會。檔案詳細記載了在 1990 年 9 月 1 日召開的一次特別政治協商會。會上，與會人員就當地政府管治中出現的一系列問題展開討論，涵蓋從縣醫院醫療質量到政府預算外經費管理等範圍廣泛的內容。[45] 一些縣政協委員還獲邀擔任「特約監督員」，更長期、系統地對公立醫院、稅務局、電視台、電台和人民法院等各類公立機構的服務質素進行監督。[46] 僅 2000 年一年，慶縣就有 66 名政協委員應邀擔任 16 個當地政府和執法部門的特邀監督員。[47] 縣政協的另一個重要監督機制是由政協委員對縣轄各鄉鎮及各部委局辦領導幹部的年度工作績效進行測評。雖然這類測評的結果無論是在制度上和法律上均無約束力，但大多數縣管幹部還是認為在縣政協年度測評中獲得低分是一件非常「丟面子」的事情。而且，上級領導幾乎總是會要求測評分數特別差的縣管幹部去縣政協面對面聽取政協委員意見和作「自我批評」。[48] 這無論如何都是幹部們要力圖避免的事；因此，雖然不具有黨內和法律上的約束力，縣政協的此類

44 檔案 10-1，第 15-20 頁。

45 檔案 3-3，第 3-4 頁。

46 檔案 1-11，第 5 頁；檔案 1-17，第 4 頁。

47 檔案 10-1，第 25 頁。

48 對某縣縣委統戰部副部長的訪談，2010 年 12 月 8 日。

幹部測評還是具有一定影響力的。

提出意見、批評和建議

作為一個政治協商機構，縣政協有權向縣委縣政府反映意見或提出建議。在官方話語裡，縣政協的這個職能被統稱為「提案工作」。縣政協下設專門委員會來負責提案工作。

在慶縣政協一年一度的全體會議上，大多數提案或由個別委員單獨提出，或由同一界別的一些委員聯名提出。另外，官方承認的人民團體和群眾組織（例如中華全國總工會、共青團和婦聯等）也可通過所屬的縣政協委員呈交提案。在縣政協休會期間，政協委員可於全年任何時候以郵寄方式呈交提案。[49] 但是，慶縣政協規定，任何委員提案都不得涉及以下內容：涉及黨和國家機密的內容；中共黨員對黨內人事決定的不同意見；民事糾紛、法律訴訟或針對個人的舉報；要求解決屬於個別委員或其親屬的特殊問題；超出縣政府管轄職權範圍的議題；無實際內容的議題，[50] 以及黨或政府部門正在處理的議案。[51]

政協委員提案根據內容和性質被分為三大類進行處理：有關公共政策或政府工作的一般性觀點被稱為「意見」；針對特定

---

[49] 《政協某縣委員會提案工作條例（試行）》，檔案 2-2，第 4 頁。

[50] 通常指關於政治意識形態或理論爭論的話題。

[51] 檔案 2-2，第 5 頁。

事件或政策的負面反映或者投訴被稱為「批評」；就制定新政策或修改現有政策而提出的提案被稱為「建議」。以上三類提案均先經縣政協提案工作委員會審核分類後，再轉交縣有關黨政機關研究和答覆。[52] 慶縣縣委縣政府的所有工作部門均須就各自收到的政協委員提案作出書面答覆；有時，不同部門還需要邀請提出提案的委員進行專題視察或組織特別政治協商會來就相關問題進行溝通、瞭解和處理。例如，檔案記載，曾有政協委員就一些包工頭拖欠農民工工資問題提出提案，有關負責部門便專門為此與縣政協召開一場政治協商會，認真聽取委員意見並在會上進行當面交流，然後才對提案作出官方的書面答覆。[53] 按規定，縣委縣政府對提案的回覆必須返回給政協提案工作委員會以及提出提案的政協委員研究；若提案工作委員會或者相關政協委員不滿意、不接受負責部門作出的答覆並將其退回，有關部門須重新作出答覆，否則縣政協有權將該提案轉送分管縣委常委或者縣委書記、縣長等主要官員直接處理。

對於最緊迫和重要的議題，縣政協偶爾亦會以投票方式通

---

52 與地方人大不同，政協委員提出的提案（意見、批評或建議）都可以送交黨委各工作部門或當地政府相關部門。由於人民政協是黨的統一戰線組織，因此黨組織本身有義務回應人民政協的提案（但黨組織一般不擔負處理及答覆地方人大質詢或提案的法定職責）。

53《中國人民政治協商會議某縣第七屆委員會常務委員會關於七屆三次會議以來提案工作情況的報告》，檔案 10-3，2010 年 2 月 1 日，第 3 頁。

過正式決議，要求縣黨政部門及時處理。例如，一份縣政協文件顯示，慶縣政協於 1992 年曾投票通過一份正式決議，要求縣政府加快處理關於當地某工廠拆分問題的行政覆議。[54] 雖然縣政協採用類似正式決議提出建議的情形為數極少，但一旦採用，政協正式決議的高度公開性對縣黨政機關足以產生巨大的政治壓力，從而令其更有可能採納縣政協所傾向的政策。

人民政協提出的意見、批評和建議基本均能得到當地黨政機關的嚴肅對待和及時處理。圖 2-4 顯示從 1987 到 2000 年間慶縣政協收到的委員提案主題的變化。雖然提案主題各種各樣，甚至包括性別平權、地方政治改革等社會政治敏感議題，總體而言，經濟和社會福利議題在全部提案中仍佔據主導地位。圖 2-5 顯示從 1991 到 2000 年間慶縣政協提案處理結果的統計。該統計表明大部分由縣政協轉交縣委縣政府相關工作部門處理的提案都得到妥善解決。縣政協提出的「批評」更是通常對政府工作產生直接影響。例如，1989 年縣政協提出有關該縣逃稅狀況的批評，導致政府對當地稅務局和大部分地方企業展開調查。在受調查的企業中，最終發現 603 家無營業執照，2,523 家存在拖欠應上繳縣政府稅款的問題。[55] 其他類似案例還包括慶縣政協曾經提出的關於縣城主要交叉路口交通堵塞問題（1996）、當地電話公

---

54 《關於製線廠改為縣辦集體企業的建議》，檔案 3-1，1992 年 12 月 24 日。

55 檔案 10-1，第 27 頁。

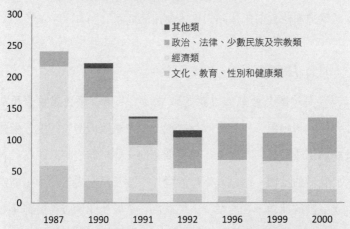

圖 2-4：慶縣政協全體會議收到的提案主題構成

- 其他類
- 政治、法律、少數民族及宗教類
- 經濟類
- 文化、教育、性別和健康類

資料來源：《中國人民政治協商會議某縣第一屆委員會提案工作委員會關於提案工作情況的報告》，檔案 1-3，1987 年 5 月 7 日；《中國人民政治協商會議某縣第二屆委員會提案工作委員會提案工作情況報告》，檔案 1-7，1990 年 4 月 11 日；《中國人民政治協商會議某縣第三屆委員會提案委員會關於三屆一次會議以來提案工作情況報告》，檔案 1-9，1991 年 3 月 25 日；《中國人民政治協商會議某縣第三屆委員會提案委員會關於三屆二次會議以來提案工作情況報告》，檔案 1-10，1992 年 3 月 21 日；《中國人民政治協商會議某縣第四屆委員會提案委員會關於四屆三次會議以來提案工作情況報告》，檔案 1-16，1996 年 3 月 14 日；《中國人民政治協商會議某縣第五屆委員會提案委員會關於五屆一次會議以來提案工作情況的報告》，檔案 1-14，1999 年 3 月 9 日；《中國人民政治協商會議某縣第五屆委員會提案委員會關於五屆二次會議以來提案工作情況的報告》，檔案 1-18，2000 年 1 月 22 日。

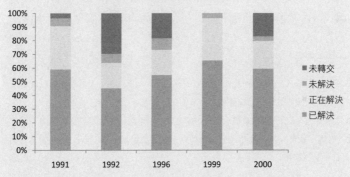

圖 2-5：慶縣政協全體會議提案辦理情況統計

- 未轉交
- 未解決
- 正在解決
- 已解決

資料來源：檔案 1-9；檔案 1-10；檔案 1-16；檔案 1-14；檔案 1-18。

司亂收費問題（1999）、地方電網故障頻繁問題（2003-2006）和少數網吧非法允許未成年人進入使用的問題（2004）等。[56]

反映社情民意

作為中國共產黨的重要統戰平台，人民政協也擔負著蒐集社會信息、跟蹤分析社會政治狀況、並向黨政機關及時進行彙報反映的工作。任何政府都需要長期藉助一些可靠途徑來瞭解社會對於管治的反饋，跟蹤政治思潮變化，並及早發現管治中可能產生或引發的問題。在慶縣，人民政協正是肩負此種責任的最重要機構之一。[57] 正如一份縣政協文件所強調的那樣，人民政協蒐集社情民意的工作，是「穩定大局的需要」，也是「加強黨和政府與人民群眾聯繫的一條重要渠道」。[58] 黨和政府明確肯定人民政協在「反映社情民意」方面所扮演的重要角色，並認為這是人民政協所應肩負的「具高度政治敏感性和重要性」的一項任務。[59] 黨委政府規定，人民政協反映社情民意，要特別注重建議性（突出著傾向性）、動態性（側重於苗頭性）、監督性（表現為職能性）和警示性（強調其重要性）。一份 1999 年的政協文件解釋道：

---

[56] 同上。

[57] 其他此類機構包括：新聞媒體的內參系統、信訪局、紀委。

[58] 某縣政協：《加強組織領導，提高辦案品質》，檔案 4-2，日期不詳，第 1 頁。

[59]《在進一步做好反映社情民意工作電話會議上的講話》，檔案 4-3，1999 年 6 月 17 日，第 2 頁。

所謂建議性，即針對某事提出體現民意的傾向性建議；動態性，即出現的有苗頭性的最新重要情況；監督性，即對某人、某事、某項工作、某種情況……提出批評和意見，這實質上是一種監督，一種非權力監督，一種人民政協所特有的職能性監督——民主監督；警示性，核心是提醒，其問題非常重要，不可忽視，某情況發展下去性質可能轉化，某事件處理不當將會產生重大影響等。**60**

在慶縣，人民政協在反映社情民意工作上執行全國政協「十報十不報」的原則，總的要求是「幫忙而不添亂」，至少需要注意跟蹤分析和及時報告十個方面的情況，包括：

（一）對中央重要方針政策出台後和國內外重大事件發生後，有代表性的人物的重要表態，或有獨到見解的反應，要報；一般性的表態可不報；

（二）對解決經濟和社會發展中的難題，有創新意義的理論觀點或有重要參考價值的對策性思路，哪怕是名不見經傳的「小人物」提出的，要報；「炒冷飯」或缺乏可操作性的，可不報；

（三）對可能引起全國連鎖反應或導致當地經濟和政治生活

---

60 同上，第 2-3 頁。

嚴重紊亂，或導致國有資產流失等重大事件、舉措、行為，要報；一般的物價上漲、環境污染等事件可不報；

（四）對改革開放中具有普遍意義的新情況、新問題、新經驗，而當地黨政領導機關對此尚未引起足夠重視或支持不力的，要報；黨政部門已有反映，或有爭議但不屬於有意壓制的可不報；

（五）對群眾情緒的普遍性變化，有可能引起局部性社會動盪的突發事件，即便是處於苗頭狀態，要報；對個別的牢騷、不滿，或一般性的社會治安事件和群眾糾紛可不報；

（六）對領導機關、領導幹部中的腐敗行為和不正之風，情節惡劣、民憤很大而由於關係網的保護反映不上去，要報；一般性案件或道聽途說的可不報；

（七）對災情嚴重，當地幹部群眾情緒動盪，需要中央或上級領導機關採取緊急措施的，要報；一般災情和救災情況可不報；

（八）民族、宗教工作中的突出矛盾、突出問題，或有重要參考價值的對策建議，要報；民族宗教工作中的一般性情況可不報；

（九）對委員直接瞭解到的台港澳人士和國際人士針對我國內政外交發表的有分量的評論，要報；對不是委員第一手掌握的，或分量不夠的，可不報；

（十）對統戰工作和政協工作中重要的意見、建議，包括對

委員履行職責受到不公平待遇的情況，要報；對一般性的工作議論和日常工作進度，可不報。[61]

除這些重要情況外，地方政協委員也承擔著發現和向本級黨委政府報告潛在社會不穩定因素的責任。例如，在 1993 年，慶縣政協編印的《政協簡訊》以及一些政協委員單獨提交的報告都指出，該縣民辦教師的過低工資可能導致全縣小學教育系統的教師隊伍穩定出現問題。縣委縣政府聞訊及時作出反應，有針對性地及時制定和公佈了一系列調整小學教師工資水平的政策。[62] 在另一期《政協簡訊》中，政協反映個別鄉鎮政府對街道小販課稅過重，並警告說若不及時加以改變，此事可能會引發嚴重的群體事件。縣委縣政府於是立即下令要求對此展開徹底調查和糾正。[63] 從 1996 年起，縣政協共編輯 62 期內部期刊《社情民意信息》，並向縣黨政機關反映了 1,285 條重要社會情況。[64] 在嚴重緊急狀況時期（例如 2003 年「非典型肺炎」防疫時期），政協對社情民意的蒐集工作更積極迅速，報告也更頻密。[65]

---

61 檔案 4-3，第 6-7 頁。

62《某縣政協簡訊》，檔案 5-3，1993 年 5 月 28 日，第 1-2 頁。

63《某縣政協簡訊》，檔案 5-1，1990 年 8 月 10 日，第 1 頁。

64 檔案 10-1，第 1 頁。

65 同上，第 17 頁。

全體會議

縣政協一年一度的全體會議是政協委員們履行民主監督和政治協商職能的最重要論壇。每年，縣政協全會通常在縣人民代表大會年會之前一週舉行。這一時間安排既是為了方便會務籌備，也是旨在保證地方黨委政府領導都能夠出席會議。[66] 全體大會的議程幾乎總是包括縣政府的報告、政協領導的講話、關於上一年度全會收到提案處理情況的報告，以及通過縣政協「政治決議」等項。[67] 除了這些程序化內容外，政協全會更重要的功用則在於為政協委員提供了直接向當地黨委領導表達他們觀點的場合。

結 語

對於慶縣政協的田野調查研究顯示，人民政協作為最重要的吸納性政權機制，在中國政治中扮演著超乎前人所想的重要角色。人民政協對黨和國家最重要的價值在於聯絡及吸納黨外菁英和社會賢達。在中國，透過由人民政協所開展的、經過細心設計的各項政治活動，黨政機關能持續關注中國社會最具影響力的社會領袖。這類政治活動不僅被用作簡單的思想政治教育，更重要

---

66 《改進全會開法，提高協商品質》，檔案 4-4，簽發機關和日期均不詳，第 1-2 頁。
67 《政協某縣委員會關於政協機關工作制度的幾項規定》，檔案 3-6，1984 年 7 月 9 日。

的是，它們提供了一個讓地方政治菁英和社會賢達發表意見、增進與政權聯繫和溝通的平台，為國家管治提供了一個有效的政治參與渠道。

人民政協的定位是成為黨與政府之間的中間地帶，其功能亦是對其他更加正式的、依憲法設立的法定政治機關（例如人民代表大會）的補足。在官方話語中，人民政協和人大經常並列地獲稱為「兩會」。但是，這兩個機構和制度之間存在明顯差別。人大代表由選舉產生，而政協委員則往往是由政府從黨外菁英和社會賢達中挑選。就職能而言，人大擁有立法權，而人民政協則是一個不具有法定決策權力的政治協商機構。在慶縣，人大通常為決策過程和結果賦予其程序合法性，而人民政協則承擔決策過程中更直接的政治參與及政治協商之職能。作為一個中國獨特的吸納式政權機制，人民政協在協助執政黨建立、鞏固和維持國家基本政治秩序的穩定和安全方面所扮演的重要角色，絕不應受到忽視。

第三章

市場經濟下的參與式治理：

村民代表會制度如何改善中國農村管治質素？

從社會主義國家指令性計劃經濟體制向市場經濟機制的轉型，不但帶來國家社會經濟生活的深刻變化，而且必然帶來國家治理之道的更新。但當代政治學者們對這種經濟轉型與治理改革之間的相互依存關係的解釋卻不盡相同。通過對河北慶縣的田野調查研究，本章嘗試解答，在向社會主義市場經濟體制轉型的過程中，因應管治資源的變化，中國地方黨和政府如何充分發揮政治體制的靈活性和高度彈性，探索採用更透明、參與度更強的治理方式來維護基層社會政治秩序的穩定和改善治理質素。

本章將深入研究在二十一世紀的頭十年，一場由華北某縣（以下仍以慶縣代稱）的黨委和政府推行、以重建農村的村民代表會制度為核心的基層治理制度改革。[1] 透過大量田野調查研究，本章檢視村民代表會制度在慶縣農村得以重建和運作的動因與理據。通過分析村民代表會制度在慶縣的復興，本章揭示，改革開放時代的市場經濟改革，不可避免地使農村基層政權組織失去傳統的收入來源，令其逐漸從人民公社體制下的租利分配型政府（rentier state），變為市場經濟條件下的稅收型政府（taxation state）。因應這種管治資源的根本轉變，慶縣黨委和政府開始考

1　西方學界已有的關於村民代表會制度的討論，參見：Susan V. Lawrence, "Democracy, Chinese Style," (1994) *Australian Journal of Chinese Affairs* (32), 61-68; Kevin O'Brien, "Implementing Political Reform in China's Villages," (1994) *Australian Journal of Chinese Affairs* (32), 43; Jean C. Oi and Scott Rozelle, "Elections and Power: The Locus of Decision-making in Chinese Villages," (2000) *The China Quarterly* (162), 513-539; Robert A. Pastor and Qingshan Tan, "The Meaning of Chinese Village Elections," (2000) *The China Quarterly* (162), 494.

慮通過開放制度化的代表渠道，來推動在市場經濟改革下的治理制度創新，以在新的社會經濟條件下維繫政府對農村社區的管理和服務，保障國家基本政治秩序在基層社會的穩定。

舊 制 度

在 1949 年新中國成立之前，村莊代表集議制度曾經在中國農村管治中扮演著舉足輕重的角色。傳統上，一種被稱為「村民代表會」或是「村民會議」的鄉紳集會議事機制在華北平原大小村莊的公共事務管理中扮演著決策主體和管治機構的雙重角色。[2] 在慶縣，傳統村莊的管治很大程度上依靠這些村莊議事機構而進

2　參見：Max Weber, *The Religion of China: Confucianism and Taoism*, trans. and ed. H. H. Gerth (New York: Macmillan, 1964), p.91; Sydney D. Gamble, *North China Villages: Social, Political, and Economic Activities Before 1933* (Berkeley: University of California Press, 1963); Philip C. Huang, *The Peasant Economy and Social Change in North China* (Stanford: Stanford university Press, 1985), p.219; Huaiyin Li, *Village Governance in North China, 1875-1936* (Stanford: Stanford University Press, 2005), p.8; Pauline B. Keating, *Two Revolutions: Village Reconstruction and the Cooperative Movement in Northern Shaanxi, 1934-1945* (Stanford: Stanford university Press, 1997). 馬克斯‧韋伯（Max Weber）認為中國村莊的「自我治理」是傳統中國農村社會具有決定性的特徵之一。悉尼‧甘博（Sydney D. Gamble）基於他二十世紀三十年代在 11 個華北村莊的田野調查，同樣強調了當地社區內生的權力結構在村莊治理中所扮演的重要角色。黃宗智指出，農村本地社群在政府、鄉紳和村莊的三角關係中扮演關鍵角色。根據二十世紀初針對河北省懷鹿縣的研究，李懷印認為統治本地社群的是一種村民之間的義務合作形式，是本地村民自我承擔了保甲和里甲的管理職責。寶琳‧可亭（Pauline B. Keating）則發現，即便在二十世紀三十年代晚期華北建立許多紅色革命根據地之後，中共地方組織在農村地區仍然依賴傳統的村民會議制度來履行邊區政府的管理職能。

行。根據二十世紀三十年代出版的慶縣縣誌記載，對該縣一個典型村落而言，有四個管理機構是必不可少的，即：村民會議、村公所、村息訟會和村監察委員會。當中，村民代表會在村莊公共事務的決策和監督上扮演中心角色。[3] 表 3-1 列出了由慶縣縣誌所記錄的該縣傳統村落中主要管治機構的分工情況。

　　建國後，隨著農業社會主義改造的逐步進行，農村地區村莊治理所依賴的資源結構和管治方式都發生了翻天覆地的變化。自二十世紀五十年代起，農業集體化逐步削弱並打碎了傳統的以集議制度為核心的村落管治體系；通過土地改革、合作化等一系列群眾運動，政權有效延伸至中國政體的最基礎層級，人民公社體制得以建立起來。在人民公社體制下的華北農村，生產隊、生產大隊和人民公社成為農村地區政治管治、思想教育、運動領導和生產管理四者合一的綜合政權組織；人民公社作為政權在地方層面的延伸和代表，對其管轄的生產大隊和生產隊進行嚴格控制。

　　隨著農村聯產承包責任制在二十世紀八十年代的全面興起，人民公社體制正式宣告終結，廣大農村地區進入了新的時期。在改革開放時期，中國農村面臨著一個亟待解決的重要管治問題，即傳統上依靠鄉紳集議制度進行治理的方式已經遭革命廢除，而事實證明人民公社制度也因不符合新時期市場經濟轉型的要求而逐步退出歷史舞台，那麼，這種因急速的社會經濟轉型而

---

3 《某縣誌》第五卷，1931 年 3 月，第 26-27 頁。

表 3-1：1949 年前慶縣農村村莊治理結構

管理機構	職權
村民會議	制定村務規章
	選舉村長和副村長
	選舉權
	選舉息訟會成員
	選舉監察委員會成員
	罷免權
	彈劾和罷免村級官員
	公民投票權
	就村長或副村長提出的動議作出決定
	就監察委員會轉呈的動議作出決定
	就區縣轉呈的動議作出決定
	就村民提出的動議作出決定
	修正村務規章
	決定村莊邊界
	與鄰村協商
村公所	執行村務規章
	管理村衛隊武器
	管理村財政
	修建和維護村內道路
	改善民風民俗
	清潔運河水路
	防災救災
	改善村莊衛生
	提高村民教育水平
	發展村莊產業
	執行村民會議決議
	履行縣區級政府規定的職責
	向當地政府彙報（村內）突發事件
	其他應由村政府辦理的事項
息訟會	聽取和裁決爭議雙方的申訴
	聽取和處理區縣政府轉交的案件
監察委員會	監督本村公職人員日常工作
	審計村財政
	聽取和處理村民投訴

資料來源：《某縣誌》第五卷，1931 年 3 月，第 26-27 頁。

帶來的農村管治制度真空，應由怎樣的新治理方式所填補呢？

儘管 1987 年頒佈的《村民委員會組織法（試行）》為改革開放時期的中國農村創設了一整套自治管理體系，建立了由中國共產黨在村莊設立的黨支部和由村民選舉產生的村民委員會共同組成的雙重管治系統，但該法對於這兩個管制機制之間的權力並未作出清晰劃分。該法第十六條和第十七條非正式地提及了村民代表會作為新的集議制度的存在。在 1998 年的《村民委員會組織法》修訂版中，第十九條釐清了這一模糊條款，列舉了九項應屬村民代表會審議的公共事務，基本涵蓋農村生活的每一層面。然而，儘管村民代表會在法律上存在，但在實際中它甚少按條文所規定的那樣行使其職能。[4] 這牽涉到以村黨支部和村民委員會為雙重管治機制的農村治理制度內在的矛盾。

在 1992 年 2 月頒佈的《中國共產黨農村基層組織工作條例》中，第二條明確指出，中國共產黨的基層支部應是「鄉鎮、村各種組織和各項工作的領導核心」。作為執政黨的基層組織，中國農村的村黨支部在改革時期仍始終保持著村莊最高決策和政策執行機構的核心領導地位。除此之外，相關制度安排也確保並強化黨在農村的基層組織的權力地位。最低限度而言，這些安排包括村黨支部和村委會之間的聯席會議制度，以及由同一人兼任村支

4　O'Brien, "Implementing Political Reform in China's Villages"; Oi and Rozell, "Elections and Power".

部書記和村委會主任的所謂「一肩挑」制度。這些制度安排使村民自治組織和黨在農村的基層組織之間的制度性界限變得更為模糊。這一高度集中的管治結構沒有容納傳統村莊集議制度的空間。[5] 在這種背景之下，2001 年以前，慶縣沒有任何一個村莊能夠實施由《村民委員會組織法》所規定的村民代表會制度，更遑論有效監督村支部和村委會的權力。一份由慶縣縣委發佈的文件寫道：

儘管村民委員會組織法賦予了村民民主權利，使他們能夠通過村民代表會來直接行使這一權利，但由於村民代表會無法如組織法中所規定般召開，那些權利只是名存實亡……村民自治實際上變成了村幹部治理。[6]

改革

2001 年開始，慶縣縣委發起了一項農村治理制度的改革。這次改革旨在重新建立村民代表會在村莊管治中的中心地位，並力求使之成為一個真正有職有權的村民參與式治理組織，以有效地制衡村委會的權力，改善管治質素。根據這一改革，慶縣的每

5 王石奇、王金華：〈兩委為甚麼成了對頭？〉，《鄉鎮論壇》2001 年 9 月，第 7-8 頁。
6 某縣縣委辦公室：《某縣村治模式資料彙編》，2005 年 3 月，第 3 頁。

一個村莊都應通過公開選舉產生一個村民代表會，其中每個村民代表應代表十至十五戶人家。經過改革，重建的村民代表會得以重新扮演村莊政治中的核心角色，被賦予可觀的決策權力。根據該縣的《村級組織工作規則（試行）》，經恢復後的村民代表會擁有九項職能，包括：

（一）討論修改本村的《村民自治章程》或《村規民約》；

（二）討論決定本村全年的工作計劃和主要措施；

（三）聽取和審議村民委員會工作情況，監督村民委員會工作；

（四）審查本村全年財務預決算和上年度財務收支決算；

（五）討論決定村民會議授權的涉及村民利益的重大事項；

（六）向群眾宣傳村民代表會議決定並帶頭執行；

（七）廣泛蒐集村民意見，及時向村民委員會提出工作建議；

（八）對造成重大工作失誤或不稱職的村民委員會成員提出罷免建議，對村民代表提出罷免建議；

（九）討論村幹部工作報酬。[7]

---

7 同上，第 21 頁。村民會議由全體村民參加，其職責包括：（一）制定、修改《村民自治章程》和《村規民約》；（二）討論決定本村發展規劃和年度計劃；（三）審議村民委員會工作報告、村財務收支情況報告，評議村民委員會成員的工作；（四）選舉、罷免、補選村民委員會成員；（五）撤銷或者改變村民委員會不適當的決定；（六）撤銷或者改變村民代表會議不適當的決定；（七）討論決定涉及村民利益的重大事項。除（一）、（四）、（六）項外，村民會議可以授權村民代表會討論決定。

此外，村民代表會還被賦予監督村委會財務賬目的權力；每個村民代表會均設立一個常設的村級財務監督小組來執行這項監督職能。

本次改革的重要創新在於，慶縣縣委把經恢復後的村民代表會與村級黨支部書記幹部的選拔任命聯繫起來，並加以制度化。縣委規定，任何人在被新任命為村黨支部書記之前，必須通過選舉當選為本村村民代表會成員；現任的村黨支部書記在連任之前，也必須於本村村民代表會選舉中當選為村民代表。如果一個現任黨支部書記未能獲選為村民代表會代表，將被要求辭去黨內領導職務。縣委文件中明確規定：「在村級民主選舉中未能當選成為村民代表會或是村委會成員的支部書記，必須辭任其職務。」[8] 在慶縣首次村民代表會選舉中，85.4% 的現任村黨支部書記獲得了村代會席位，而未能當選的黨支書們則被要求辭職。[9]在 2006 年的第二屆村民代表會選舉中，現任黨支部書記的當選率上升到 92.8%。[10]

這項農村治理制度的改革在慶縣迅速取得進展。在短短一年之內，慶縣所轄的 354 個行政村均成功選出了村民代表會，總共 6,409 名村民代表當選。[11] 表 3-2 和 3-3 反映了經 2004 年和

8　同上，第 73 頁。

9　作者對某縣縣委組織部官員的訪談，2005 年 7 月。

10　某縣縣委組織部：《全縣第七屆村民委員會換屆選舉工作情況統計表》，2006 年 8 月。

11　某縣縣委辦公室：《某縣村治模式資料彙編》，第 72 頁。

表 3-2：71 個村村民代表會代表統計（2004 年 6 月第一屆選舉）

村民代表會代表總數：1,323　　　平均每個村民代表代表村民人數：18.63

類別	人數	百分比（%）
黨員	538	41
私營企業主	135	10
紅白理事會 * 領導	128	10
專業戶	317	24

資料來源：慶縣縣委辦公室，《慶縣村治模式資料彙編》，2005 年 3 月，第 79 頁。

* 紅白理事會是一個協助安排村民婚禮及葬禮事宜的義務組織，為慶縣主要非官方組織。

表 3-3：345 個村村民代表會代表統計（2006 年 8 月第二屆選舉）

村民代表會代表總數：6,341　　　平均每個村民代表代表村民人數：18.37

類別	人數	百分比（%）
黨員	2,463	38.8
黨支部成員	655	10.3
村委會成員	540	8.5
女性	143	2.3
年齡		
<35 歲	294	4.6
36-55 歲	3,969	62.5
>56 歲	2,084	32.9
學歷		
初中及以下	5,116	80.6
高中或同等學歷	1,190	18.8
本科或以上	35	0.6
職業		
農民	3,919	61.7
特殊農戶	1,352	21.3
私營企業主	850	13.4
其他	226	3.6

資料來源：慶縣縣委組織部，《全縣某屆村民委員會換屆選舉工作情況統計表》，2006 年。

2006 年分別舉行的村民代表會選舉所產生的村民代表群體的基本狀況。

經選舉產生的村民代表會遵循嚴格的程序開展工作。因為慶縣每個村代表會平均由 18 到 19 名成員組成，所以其成員能較容易地召集起來召開定期會議，議事和開展其他工作的效率也相對較高。村民代表會的日常工作遵循著典型的立法機構之工作流程。緊接著每次選舉之後，當選成員會儘速集會並互選出一名村民代表會主席，以負責召集和主持村代會任期內所有會議。村民代表會在每個月的固定日期開會，並在有超過三分之一村民代表聯合提議時得舉行特別會議。**12** 拿上村民代表會討論的提案，必須在會議前提前分發予村民代表會代表，以便他們對提案進行獨立而深入的研究。在每次會議中，當村民代表們就每個議案完成辯論之後，他們會動議進行投票。只有當某項議案獲至少三分之二以上的贊成票後，它才會生效。然後，此決議將會被記錄在案，而每一名村民代表必須在官方紀錄上蓋上統一製作的個人印章作實。此後，村代會將在村中公佈決議並且由村委會按決議執行。村委會須每月向村民代表會議彙報工作；負責監察村委會財務賬目的常設小組，亦同樣須向村民代表會彙報。與改革開放初期中國農村的村級民主選舉實驗相比，慶縣的改革更具有革新

---

12 這對代議制民主來說是相當實質的安排。根據國家組織法，代表會議必須由黨組織通過村委會召集。

性 —— 它旨在重構一個具有代表性的參與式治理機構，以作為農村管治的權力中心，而非僅僅著眼於通過選舉產生出一任村委會主任或是黨支部書記。

在數年的實驗後，慶縣的村民代表會在農村管治中也的確逐步成為一個擁有實質權力的參與式治理機構。村民代表會的功用體現在以下幾個方面：[13]

制衡行政權

在慶縣，村民代表會成為一個具有實權的機構，而它能夠起到制約村委會行政權力的作用。作為一個代表著農村社群的參與式治理機構，村民代表會對於村內重要的公共事務有決策權，並且有能力持續監督村委會的日常運作。比如，2004 年王村的村委會提議為修建村內道路和升級村內供電系統，需向每戶收取 50 元人民幣攤派費用。當這項提案呈交給村民代表會審核時，經討論，大部分村民代表認為這兩項工程缺乏必要性，並予以否決。由於無法籌集到足夠資金，村委會提議的這兩個項目最終被擱置。[14]

2003 年，有公司希望在謝村投資建立一所養雞場。然而，

---

[13] 以下案例中的村莊名稱均為代稱。

[14] 某縣縣委組織部：《某縣模式案例彙編》，2005 年 11 月，案例二，內部文件，未標註頁碼。

由於該村村委會未能就劃撥養雞場用地一事獲得村民代表會的同意，這項引資計劃最後也未能實現。[15] 2004 年 3 月，牛村的村委會制定了一份計劃，準備將一些原公共用地規劃成宅基地並予以分配。然而，村民代表會在討論和投票後否決了此項計劃。村代會還起草了一份不同的分配方案，而新方案得到了大多數村民代表的支持，並付諸實施。[16] 在饒村，村民代表會不僅繞過村委會決定將原村集體所有企業賣給私人公司，並且還密切地監督了整個交易流程。[17] 在策村，在村支部書記王某決定出售三口公有水井，並投資挖掘另一口深水井之前，他並未通過村委會將方案提交給村民代表會並獲得其批准，而是直接上馬開工。村民代表們自然發現了此項工程，並質疑淨水供給問題並非該村當務之急。開會討論後，王某先前的決定被否決，而其工程也隨之被叫停。[18]

影響幹部任命

村民代表會對村莊主要幹部的任命也逐漸具有很大影響力，故此它能透過影響村幹部的人事安排，使相關人選對社區利益和民眾需求具有更大的負責性。在紹村，村支部書記和村委會

---

15 同上，案例一。

16 同上，案例三。

17 同上，案例十一。

18 同上，案例五。

發現，根據縣政府新頒佈的法規，如果沒有該村村民代表會的同意——因為村代會對村裡的主要負責幹部任免具有批准權——他們無法辭退現任的村會計。而村民代表會也一直沒有批准他們辭退這位會計的建議。[19] 在北村還發生了一個更極端的例子：村民代表會的代表們通過投票成功彈劾了不得人心的該村村委會主任。在該項彈劾決議獲通過並被呈交到北村的上級鎮黨委後，這名村委會主任就被宣佈免職了。[20]

提供公共論壇

在慶縣，村民代表會為多元的社會利益訴求提供了一個參與平台，容許它們相互競爭及折衷。這一制度有助於緩和人民公社體制下單一化治理制度所無法輕易解決的社會矛盾。2003 年 1 月，邵村計劃與承包集體所有的棗樹林的現承租戶續約。然而，由於一些村民反對這個計劃並且要求重新競標，使得續約事宜陷入僵局。及至該村村民代表會召開會議，雙方在會上詳盡闡述各自的訴求、並最後達成保持原有競標結果的解決方案，事件才圓滿結束。[21] 在藍村，被稱為「南院」、「北院」的兩個敵對宗族勢力已經相互爭鬥了將近半個世紀。因為這一歷史宿怨，藍村的各

---

19 同上，案例四。
20 同上，案例六。
21 同上，案例十二。

項公共事務、公共建設和福利項目等始終處於停滯狀態，無法達成任何共識。村民長期上訪互相告狀。村民代表會成立後，為藍村對立的兩大宗族勢力提供了一個制度化的協商空間和均等參與式的治理平台；兩個長期敵對的宗族可以通過各自的村民代表、在村代會程序範圍內表達各自的顧慮、辯論村務並分享決策權。最後，通過村代會機制的運作，兩個對立宗族在該村許多拖延多年未能落實的公共項目上達成妥協，包括村內公共道路整修、水井挖掘、有線電視安裝和覆蓋全村的公共醫療保險等重要民生事項。[22] 村民代表會這一參與式治理平台，對於提高農村管治質素的積極影響是不言而喻的。

推動力

慶縣的治理制度改革和經重建的村民代表會，顯著促進了民眾對基層治理的參與感和農村治理質素，是地方黨委和政府對於市場經濟改革對中國基層治理提出新要求的回應。實際上，在地方政治中，民眾參與形式和參與方式的逐步演化是十分複雜的過程，牽涉到多重推動力。當中有許多推動因素，早已獲有關社會經濟功能主義（socioeconomic functionalism）文獻所討論，包

---

22 馬國川：〈某縣模式：一個縣委書記的民主試驗〉，《經濟觀察報》2007 年 10 月 15 日，第 41 頁。

括民眾更高的收入、社會因素的變革、群眾動員能力的增強以及基層社會冒起的權利意識等都有可能促進參與式治理改革；這些因素在慶縣改革進程中也並非毫無作用。[23]

儘管對參與式治理改革而言，有利的社會經濟條件相當關鍵，但對於因應性的政治改革而言，最終仍有賴於執政黨的研判、學習和選擇。深入的田野調查研究顯示，在慶縣，直接推動參與式治理改革的力量乃是源自基層政權在市場經濟條件下收入模式的巨大改變。正如艾德蒙·伯克（Edmund Burke）所言，「稅收就是國家」。在人民公社體制下，慶縣基層政權的財政收入主要來自人民公社對農村經濟生產的壟斷。儘管由人民公社主辦的集體所有制農業和生產隊副業的效率、產量不高，但仍能為基層政權提供相當的財政基礎，以支援公共服務和政府管治。在人民公社制度終結後，以家庭為單位的農副業生產，重新成為了中國農村的政治、社會以及經濟生活的基礎。隨著人民公社時代的農村集體計劃經濟的結束，以及市場改革的進一步深化，慶縣管轄範圍內的村莊立刻失去了它們原有主要的公共收入來源，管治所賴以存在的經濟基礎發生了深刻變化。

與此同時，自二十世紀八十年代始，中國共產黨開始放棄以「階級鬥爭為綱」和「無產階級專政下繼續革命」的理論，全黨的工作重心開始向經濟發展和現代化建設轉移。有鑒於發

---

23 John Waterbury, "Fortuitous By-Products," (1997) *Comparative Politics* 29(3), 384.

展經濟的主要目標，中央政府 —— 現在是一個「發展型國家」
（developmental state）—— 也開始將大部分由中央控制的財政資
源分配到城市建設、科技進步和工業發展上。與此相比，農村
的公共服務和建設所獲得的中央財政支持相對減少。[24] 如圖 3-1 顯
示，從 1990 到 2006 年，用於支持農業和農村的中央財政撥款在
總預算中所佔比例，從上世紀九十年代的 10% 下降到 2006 年的
7% 左右。[25] 此外，這一有限的中央財政撥款往往要通過多層級
的行政管理體系逐級下撥，而不同層級的政府通常都會截留一部
分款項，使得村鎮一級所獲得的中央和上級財政支持極為有限。
是故在改革開放時期的農村，多數村莊需要為本村公共建設和福
利項目自行籌措解決絕大部分資金。[26] 這與人民公社時期有明顯
差別。

人民公社時期的生產大隊和改革開放時代的行政村黨支
部、村委會之間最顯著的區別在於，前者既是一個政治管治組

---

24 Thomas P. Bernstein and Xiaobo Lu, "Taxation and Coercion in Rural China," in Deborah
Brautigam and Odd-Helge Fjeldstad (eds.), *Taxation and State-Building in Developing Countries*
(New York: Cambridge University Press, 2008), pp.89–113.

25 1998 年 10.7% 的百分比高得不尋常，可能是因為十五屆四中全會通過了一份重要
的農業改革方案，以及整個黨政系統為準備和推行該項方案而對農村地區的極端重
視。一個相似的提高農村居民收入水平的決議同樣輕微地提升了該年度農村地區的
預算分配。

26 參見：Linxiu Zhang, Renfu Luo, Chenfang Liu and Scott Rozelle, "Investing in China," in
Vivienne Shue and Christine Wong (eds.), *Paying for Progress in China: Public Finance, Human
Welfare and Changing Patterns of Inequality* (New York: Routledge, 2007), esp. pp.121–124.

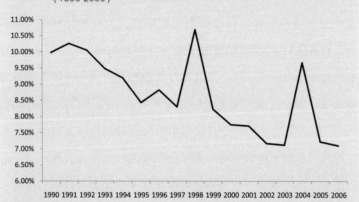

圖 3-1：國家財政預算中資助農業的中央財政撥款所佔比例
（1990-2006）

資料來源：《中國統計年鑒》，北京：中國統計出版社 2007 年版，第 282 頁，表格 8-6。

註：2007 年之後的相關數據不再於《中國統計年鑒》中公佈，2006 年數據不含用於全國農村合作醫療保險項目實驗的特殊撥款。

織，同時也是一個具有相對固定收入的經濟體和生產單位，而後者僅僅是一個依靠租利、稅收和攤派（所謂「稅費」）運作的政治組織。在公社體制解體之後，慶縣鄉村的財政收入主要來自於以下三種來源：(1) 中央所徵收的農業稅款中極小一部分分成；(2) 與中央農業稅一同徵收、由地方政府共用的地方性統籌（levies）；(3) 村辦集體所有制企業的利潤上繳。[27] 在改革開放的最初近二十年內，這一村級公共財政上的制度安排支撐著農村政權政府向基層社區提供基本公共服務的能力。

然而，上世紀九十年代以來，由於公共開支的增長，地方政府通常不得不透過高壓手段來徵收稅費、統籌及攤派欠款，這形成了農村「亂攤派、亂收費」問題，此成為農民的反抗情緒和社會不穩定因素的主要來源。為了保證農村的穩定，2002 年起，中共中央和國務院決定逐年減輕農民所承擔的繁重稅費負擔。中央政府首次發起了一項「治理亂收費亂攤派運動」，通過「三個取消、兩個調整」（即取消屠宰稅、鄉鎮統籌款和農村教育集資費等專向農民徵收的行政事業性收費及政府性基金和收費；調整農業稅政策、調整農業特產稅徵收辦法），逐步禁止地方政府在國家稅收框架以外另行向農戶徵收和攤派費用。之後，中央政府於 2004 年進一步宣佈將在五年之內免除農業稅 —— 這一時間後來又縮短為三年。表 3-4 簡述了這次減稅運動後，慶縣農村

---

27 作者對某縣村支書的訪談，2005 年 7 月。

表 3-4：稅制改革前後慶縣村級財政收入結構示意

	稅制改革前	第一期改革後	第二期改革後
農村公積金	有	無	無
農村公共管理費	有	無	無
鄉統籌	有	無	無
義務工	有	無	無
積累工	有	無	無
農業稅 *	有	有（7%）	無
農業稅附加稅	有（稅率不同）	有（1.4%）	無
轉移支付 （農村領導薪資補貼）	無	無	有

資料來源：作者於 2005 年冬及 2006 年春對慶縣基層和農村領導幹部的訪談。

* 稅制改革前，此項稅收包括農業稅、農業特產稅和屠宰稅。

村級財政來源結構改變的狀況。

根據國家統計局數據，2005 年，中國農村人均稅務負擔為 13.1 元人民幣，與 2004 年的 24.4 元相比，回落了 65.1%。在河北省，包括慶縣，2005 年農村人均農業稅負擔為 10.3 元人民幣，與 2004 年相比降低了 67.3%。[28] 在農業稅費改革之前，農業稅所帶來的稅收分成是慶縣鄉村的公共服務、建設和福利項目的重要資金來源；正如表 3-5 所顯示，稅制改革前，來自於農業稅的收入分成佔據了慶縣農村公共項目投資來源的絕大部分。廢除農業稅及禁止亂收費運動進一步改變了慶縣農村治理所依賴的財政資源結構。

改革時期的另一項主要的制度性變化，就是原鄉鎮集體所有制企業的產權結構大規模轉為個人所有。自從中國在二十世紀八十年代逐步放棄中央指令性計劃經濟體制後，中國的農村多種經營開始發生日新月異的變化，走上了快車道。隨著上世紀九十年代市場經濟的進一步發展，許多鄉村在從事本身農業經濟發展時，開始擁有數量相當可觀的、超越鄉鎮政府控制、體制靈活的村辦集體企業。在改革開放時代大潮中湧現的這些大量的集體所有制村辦企業，活躍在中國各地農村——它們有的是繼承自人民公社時期的社辦和隊辦企業，有些則是由當地致富能人創立、但

---

28 葉青、王銀梅：〈當前農民負擔稅變費問題的研究〉，《地方財政研究》2007 年 1 月，第 42-46 頁。

表 3-5：慶縣農業稅佔農村公共建設項目支出的百分比

	農業稅收入（元）	農村公共投資（元）	稅收佔支出百分比（%）
1970	794,000	613,000	130.00
1971	602,000	811,000	74.23
1972	560,000	1,026,000	54.58
1973	696,000	1,174,000	59.28
1974	670,000	1,304,000	51.38
1975	671,000	960,000	69.90
1976	420,000	1,354,000	31.02
1977	545,000	1,329,000	41.01
1978	717,000	2,383,000	30.09
1979	490,000	1,671,000	29.32
1980	400,000	955,000	41.88
1981	530,000	811,000	65.35
1982	770,000	705,000	109.22
1983	850,000	755,000	112.58
1984	530,000	863,000	61.41
1985	865,000	606,000	142.74
1986	954,000	569,000	167.66
1987	1,010,000	817,000	123.62
1988	930,000	1,189,000	78.22
1989	956,000	2,040,000	46.86

資料來源：《某縣誌》，北京：方志出版社 1999 年版，第 349-350、352-353 頁。

戴上了集體所有制的「紅帽子」。在改革開放初期，鄉鎮企業的蓬勃發展和耀眼成就，與經濟績效不斷下滑的國有企業相比，被普遍視為中國經濟發展的奇跡。而鄉村作為村辦企業的法定擁有者，絕大多數都對下轄的村辦集體工廠進行利潤分成。實際上，上世紀九十年代之前，慶縣的大部分村委會已經把村辦集體企業上繳的利潤作為在村莊內提供公共服務的主要資金來源。

然而，隨著市場改革的深化，九十年代之後，原先由集體所有的大部分村辦企業被私人收購，村辦企業的產權結構開始逐漸從集體所有轉型為個人所有。隨著村辦企業的個人產權轉型，沒有徵稅權的村委會開始逐漸失去對它們的絕對掌控，愈來愈多的鄉村企業不再在國家稅收框架之外額外向村集體上繳利潤。根據表3-6中的數據，從1996到2004年，慶縣所在省的集體所有制企業在省內經濟總量中所佔的比例從14.4%降至僅有1%左右。另外，筆者在村代會改革期間進行的一項針對慶縣211位隨機挑選的現任村支書的問卷調查顯示（表3-7）：截至2006年春天，慶縣大部分的村支書（約74%）表示他們已經不對任何集體所有企業擁有控制管理權，而大約60%的受訪村支書表示在他們村莊裡已沒有任何集體所有制企業。隨著村辦企業的改制，村委會的另一項傳統收入來源又隨著市場化浪潮而逐步消失。

表 3-6：某省集體所有制企業在全部企業中的比重

	總企業數	集體所有制企業數	百分比（%）
1996	1,812,924	261,302	14.41
1997	859,832	44,925	5.22
1998	854,341	41,525	4.86
1999	974,061	37,256	3.82
2000	1,012,984	33,591	3.32
2002	1,053,624	22,432	2.13
2003	1,074,696	19,707	1.83
2004	1,180,890	12,084	1.02

資料來源：中國鄉鎮企業年鑒編輯委員會：《中國鄉鎮企業年鑒（1997-2005）》，北京：中國農業出版社 2005 年版。

表 3-7：關於慶縣集體所有制村辦企業情況對 211 位村黨支部書記的問卷調查（2005-2006）

問題：你是否仍管理村辦集體所有制企業？

	人數	百分比（%）
是	21	9.95
否	157	74.41
未回應	33	15.64

問題：你村現尚有多少間集體所有制企業？

	人數	百分比（%）
0	127	60.19
1	19	9.00
2	5	2.37
3-4	2	0.95
7-8	2	0.95
>8	1	0.47
未回應	55	26.06

問題：集體所有制鄉鎮企業是否是你村主要公共收入來源？

	人數	百分比（%）
是	25	11.85
否	179	81.00
未回應	17	8.06

資料來源：作者於 2005 年冬及 2006 年春對慶縣農村幹部所作的問卷調查。

稅收和代表性

在歷史上，發生在中國北部平原地區的村級財政危機，曾一度是推動治理體系變革的重要動因。二十一世紀初期，中國農村經濟領域中的快速市場化變革再一次衍生出由於村級財政失去了傳統人民公社或改革開放初期集體村辦企業體制下的收入來源，而出現的嚴重資金短缺問題。財政困難並隨之影響農村公共服務的提供。例如，灌溉設施是華北鄉村最重要的公共服務之一。根據《人民日報》於 2005 年 11 月的報道，在減免農業稅運動之後，全國範圍內農村地區灌溉設施建設的人力投資減少了70%，資金投資則減少了 700 億元人民幣之多。《人民日報》大膽提出，逆轉這一投資赤字的唯一方法，就是黨把傳統計劃經濟下農村的「行政命令」式治理體系，逐步轉變成新的「民主管理」體系。[29]

全國範圍內農業稅的廢除、地方治理亂攤派亂收費運動，以及鄉鎮企業的大規模產權轉制，這三項重要的體制性變化對慶縣村莊的財務狀況產生了深遠影響——它們帶來的政治後果遠不止於村委會失去了傳統稅收基礎那麼簡單。隨著集體所有制村辦企業向個人所有轉制，鄉村的治理系統也正逐漸失去對農村

---

29 翟浩輝：〈近年來原有農田水利建設的投入主體組織形式等都在發生變化，總體投入下滑明顯，農田水利建設呼喚新機制〉，《人民日報》2005 年 11 月 28 日。

社會的經濟控制。農村社區因而從普遍的社會主義式恩庇網絡（pervasive socialist patronage network）中解放出來。一方面，在傳統人民公社體制下，農村治理體系對農民社會由上而下的管理在很大程度上有賴於村集體對以下三者的控制：農民收入、就業機會，以及主要由集體所有村辦企業資助的公共福利項目。時至今日，如若基層幹部再無法通過控制必要的制度資源和經濟基礎來對村民獎功懲過，農村幹部傳統上專斷的「命令式」管治方式也就難以為繼。在地方公共服務開始依賴於村民的自願籌款時，地方幹部以及普通村民都開始認為一種新的村務管理模式更為適合當下農村，那就是：基於民眾參與、按民主方式運作、以地方社區意願為依歸的參與式治理模式。村民代表會制度正是對這種參與式治理模式的大膽試驗。

在急速的市場化改革條件下，如何因應村級治理體系權力資源的變化而加強和鞏固農村管治，對於中央政府來說也具有迫切性。對於鄉村公共財政的枯竭，國家層面推行的制度改革被稱為「一事一議」。[30] 在這一制度下，每次村級社區需要進行集體工程建設或者增加福利開支時，村黨支部就應召集一次村民會議進行商討，並且通過公開辯論達成共識，然後再向農村社區徵收

---

[30] 關於一事一議制度，參見中華人民共和國農業部農經發 2000-5 號《村級範圍內籌資籌勞管理暫行規定》，2000 年 7 月 6 日。此暫行規定於 2007 年修訂為國務院辦公廳文件（國辦發 2007-4 號），參見國務院辦公廳：《國務院辦公廳關於轉發農業部村民一事一議籌資籌勞管理辦法的通知》，2007 年 1 月 16 日。

攤款，以解決公共財政開支問題。然而這種「一事一議」制度其實是不切實際的。簡單來說，在農村，一旦村莊需要籌集資金開展公共建設或服務，就要召開全體村民會議，這本身就是一件不大可行的事情。即使會議能夠按照「一事一議」所要求的頻次順利舉行，由於此種議事會上沒有訂明的議事流程，一群有著不同利益訴求和各自私心計算的村民七嘴八舌，要達成共識是一件極為困難的事情。此外，由於「一事一議」的體制缺乏常設的參與式集議實體，及對於款項開支的制度化監管機制，因此無法為籌款機構（村兩委）的募款和開支提供可靠度和認受性，也沒有提供任何合法方式來懲罰拒絕執行「一事一議」決議的村民。事實上，根據國家統計局 2004 年進行的一項統計，在「一事一議」制度頒行後，大概只有約 10% 的村莊曾嘗試使用這個支離破碎的體制來解決村莊公共財政問題，而在此機制下的人均籌款數量僅為 1.6 元人民幣。[31]

與上述由中央設計的「一事一議」制度相比，慶縣以村民代表會為核心的參與式治理體系改革則更為合理、可行，並且效果顯著。公開選舉村民代表會代表、明文確定村民代表會的工作和議事流程，將村民代表會選舉與村黨支部幹部任免之間的聯繫以制度化形式規定下來，皆保證了以村民代表會制度為核心的參

---

31 黃堅：〈從「一事一議」看政策性調研的配合陷阱〉，《調研世界》2007 年 2 月，第 44-47 頁。

與式集議制度能真實有效地代表農村社區的意願和利益，從而促進官與民、治理的主體與對象，以及政權與社會之間的協調、溝通和良性互動，從而提高管治的效率和質量。

正如本章所反映的那樣，推動管治結構進行改革的推進力，是地方黨和政府因應農村公共財政收入基礎在市場經濟條件下的變化，對充分發揮體制彈性、大膽鼓勵參與式治理的高度意願。長久以來，西方研究者都指出政權稅收基礎的變革，對於國家構建的形態和道路具有巨大影響力；在許多中東國家案例的分析中也能發現同樣的規律。[32] 從慶縣的故事中我們能夠發現，當普通村民的自願攤款成為村級財政主要來源時，這些直接的「納稅人」不可避免地會要求自己的聲音和利益在政策制定的過程中被充分地代表。這意味著村級政權需要一個常設的集議機構來代表村民的利益和訴求，以及一套清晰的規章和規範的議事程序來保證共識的達成。當公共財政是建立在整個社群直接而自願的攤款之上時，以往將大部分村民都排除在公共事務以外、只保留一小撮幹部參與的傳統管治方式無法再行得通。在慶縣，村民代表會再度創造了一個這樣的架構，使村級的民主諮詢及決策機制得

---

32 Lisa Anderson, "The State in the Middle East and North Africa," (1987) *Comparative Politics* 20(1), 1-18; Dirk Vandewalle, *Libya Since Independence: Oil and State-Building* (Ithaca: Cornell University Press, 1998); Michael L. Ross, "Does Oil Hinder Democracy?," (2001) *World Politics* 53, 325-61; Rex Brynen, "Economic Crisis and Post-Rentier Democratization in the Arab World: The Case of Jordan," (1992) *The Canadian Journal of Political Science* 25(1), 69-97.

到制度化，轉而幫助解決村級公共服務和建設所面臨的資金短缺問題。市場經濟改革、村級財政困難和公共財政收入結構在慶縣農村的變化，對管治體系提出了新要求，迫使慶縣的地方黨政領導接受這一古老而直接的事實，即：政府徵稅必須建基於被徵稅者的同意之上。

在過去的十年中，慶縣所推行的參與式治理體系改革已經傳播到中國的許多其他地方，這種基於代表集議制的新型農村公共事務管治模式愈來愈受歡迎。舉例而言，在北京的大興區，地方政府積極地推行一項使「村代表會議」在公共事務決策過程中更有發言權的改革。[33] 山東省日照市創造了一個與慶縣類似的制度，名為「村民代表聯繫制度」。[34] 湖北省襄樊市則出現一項名為「說事」的制度；在這項制度中，非正式的村戶代表集會成為農村社區公共事務的決策機構。[35]

慶縣的基層治理體系改革也逐漸開始吸引官方媒體的注意，甚至某種程度的認可。2007 年 4 月，《人民日報》以〈6325枚小圓章印證民主〉為題，報道了慶縣的村民代表會制度改革。[36]

---

33 北京市大興區區委組織部：〈認真開好村民代表會〉，《北京支部生活》2005 年 12 月，第 2 頁。

34 莊乾坤：〈村民代表聯繫制度〉，《鄉鎮論壇》2000 年 11 月，第 6 頁。

35 張家林：〈推進農村基層民主政治建設的有效途徑 —— 襄樊市建立和推行農村「說事」制度〉，《黨建研究》2003 年 6 月，第 52-53 頁。

36 王方傑、王明浩：〈6532 枚小圓章印證民主〉，《人民日報》2007 年 4 月 2 日。

2010 年，由中央黨校主辦的《學習時報》公開讚揚慶縣的改革範例，認為村代會實驗對於解決「如何有效開展農村自治」問題發揮了重要作用。[37] 儘管我們仍需要進行進一步的全國範圍調查方可更準確地評估上述推論，但慶縣改革的範例在全國範圍擴散，以及過去十年其從中央媒體得到的正面回饋，似乎可以初步印證由市場改革導致的基層政權財政結構的變化，以及隨之而來原有治理體系所面對的改革壓力，絕非慶縣獨有的現象。

結 語

今天，中華人民共和國在動盪的世界政治和外部環境中，始終保持著國家基本政治秩序的高度穩定，這絕非是靠墨守成規就得以成功的。相反，保持國家基本政治秩序穩定所依靠的是一個充滿動態的過程，此過程必然包括謹慎的體制維護、戰略性的體制適應、偶然的治理模式重組以及持續不斷的制度性創新和變革；唯有如此才能保持國家的穩定和其政權的安全。

慶縣的改革説明近期中國農村經濟中發生的兩大主要變革 —— 廢除農業税費和鄉鎮集體企業的所有權轉制 —— 對於中國共產黨的農村治理體系產生了巨大的政治影響力。這些經濟改革旨在提高生產力和農民的收入水平；然而，在實際操作過程

---

[37] 翁鳴：〈探尋黨組織領導村民自治的實現形式〉，《學習時報》2010 年 9 月。

中，這些改革也無可避免地改變了村級治理組織的稅收基礎及合法性來源，並且最終改變了在傳統計劃經濟和人民公社體制下慶縣村莊的權力結構。由經濟市場化所引發的慶縣農村公共財政困難，其產生的巨大壓力迫使地方政府不得不改革農村管治結構，並尋找更新穎、更有效並且更具參與性的治理方式，來有效應對市場經濟為農村治理提出的新課題。

加州大學伯克利分校政治學教授歐博文（Kevin J. O'Brien）曾如是寫道：「立法層面的進步（或是衰退）是政治變革的成分之一 …… 議會在制度層面的重要性之增長或是減少，亦改變著統治的方式。」[38] 通過回顧在市場經濟改革背景下，村民代表會制度在慶縣的復興，本章旨在說明正在進行中的市場改革為政權帶來的外部性（externalities）—— 主要是其對村級治理組織的傳統公共財政來源的影響 —— 已成為迫使處於不同層級的持份者接受一種更具參與性的治理結構和一個更為透明的管治模式的主要推動力。

在慶縣農村，市場化改革確實成為基層治理模式試驗和改革進程的最重要推動力。然而，在這個來自中國田野的故事中，在現代化過程中推動治理體系變革的力量並非是如西方學者所預言的新興資產階級、異見知識分子，又或是全球化進程；慶縣

38　Kevin J. O'Brien, *Reform without Liberalization: China's National People's Congress and the Politics of Institutional Change* (New York: Cambridge University Press, 1990).

治理體系的改革試驗說明，中國的政治體制和執政黨本身具有高度的彈性和靈活性，足以在舊制度內部不斷推動旨在令自身適應新環境的系統性改革。正是因為執政黨在面對市場化帶來的外部性挑戰時充分認知到政權必須應對新的經濟環境，黨和政府本身才成為改革自己基層治理體系的主要推動力量和促進者，並為培養一個更具參與性的管治體制提供必要的動力以及制度資源（institutional resource）。對於研究中國政治發展的學者而言，這些在政治上影響深遠的變革過程，無疑值得更加深入的研究。

第四章

改革開放時代的統一戰線：

中國共產黨如何構建社會各階層的政治聯合？

在從中東到中亞的諸多政權動盪不安的背景下，過去三十年間中國的政治穩定和社會安寧成為世界矚目的政治現象。就像多年前蘇東巨變時一樣，當前由「顏色革命」和「阿拉伯之春」所催生的全球政治動盪浪潮再次引起了學者們的追問：究竟是甚麼獨特的制度性特點令中國政治具有高度的穩定性、適應性和可持續性？過去四十年的中國故事，對傳統政治學理論關於非西方體制脆弱性的習慣認知提出根本的挑戰。

本章著重檢視和分析中國政治體制中一個極具特色的組成部分，也是中國體制的政治吸納和聯合機制 —— 統一戰線。統一戰線的功能是通過將黨外具有影響力的社會力量融入執政黨領導的政治大聯合，從而拓展執政黨和現行體制的包容度，並通過幫助黨外社會菁英建立對政治體制的歸屬感和認同感，來保障國家基本政治秩序的穩定和安全。

政權安全的制度主義解讀

為何有的政權具有高度穩固性和可持續性，而有的政權卻極為脆弱、易於為社會力量所顛覆？關於這一當代政治學的核心議題，研究者曾提出了從經濟到文化理論的各種不同的解釋。近二十年以來，針對政權安全的研究逐步具有制度主義導向，強調國家的財政制度、社會統合制度以及其他國家制度在維持政權安全中所扮演的重要角色。在制度主義研究導向的影響下，中國問

題學者也將中國政治的制度化思考拓展到執政黨的適應性問題、行政體制改革、立法機關建設、社團制度、非正式組織以及執法司法體系等不同領域。最近，韓博天（Sebastian Heilmann）和裴宜理（Elizabeth J. Perry）指出，中國共產黨的如同遊擊隊式靈活的政策制定和執行機制 —— 也是適應性管治方式的一種 —— 是關於中國政權高度可持續性和強大生命力的一個核心解釋要素。[1]

儘管學者們已經研究了中國政治中大量的制度組成，以求破解中國政治穩定的秘密，但他們仍然忽視了長期存在的政治吸納和聯合機制——中國共產黨的統一戰線——在此所發揮的關鍵作用。統一戰線促進黨與中國社會之間的聯繫和溝通，充分發揮政權的彈性，不斷將關鍵性的社會力量納入國家政權的政治邊界以內，以保障國家基本政治秩序受到最廣大社會階層的支持。

萊曼・P.馮・斯萊克（Lyman P. Van Slyke）發表於 1967 年的開創性研究，仍然是西方學術界中到目前為止唯一關於中國統一戰線的全面研究。[2] 在這本題為《敵與友：中共黨史中的統一戰線》（*Enemies and Friends: The United Front in Chinese Communist History*）的專著中，斯萊克不僅回顧了統一戰線的發展歷史，也

---

1 Sebastian Heilmann and Elizabeth J. Perry, "Embracing Uncertainty," in Sebastian Heilmann and Elizabeth Perry (eds.), *Mao's Invisible Hand: The Political Foundations of Adaptive Governance in China* (Cambridge: Harvard University Asia Center, 2011), p.7.

2 Lyman P. Van Slyke, *Enemies and Friends: The United Front in Chinese Communist History* (Stanford, CA: Stanford University Press, 1967).

揭示了這個系統所使用的建立政治大聯合的策略和原則的沿革。在此之後，在英文學術界，只有零星的一些學術成果能啟發我們進一步思考統一戰線內各個組成部分的運行原則和功能。[3]

　　因此，在二十一世紀的今天，我們仍缺乏對統一戰線在中國經濟騰飛和市場經濟轉型背景下實踐的具有系統性的研究。這裡有一系列重要的問題亟待探討。例如，與毛澤東時期相比，今天黨的統一戰線系統在規模、功能和組織結構上有甚麼變化？換言之，改革開放時代的領導層如何將統一戰線打造成促進政權建設和政治穩定的載體？在新的社會、政治和經濟背景下，我們應如何理解統一戰線的角色和地位？通過深入檢視改革開放時代中國統一戰線的結構、功能和運作，本章將分析統一戰線在維護國家基本政治秩序穩定中的重要作用。

3　如，James D. Seymour, "China's Satellite Parties Today," (1986) *Asian Survey* 26 (9), 992-994; James D. Seymour, *China's Satellite Parties* (Armonk, NY: M. E. Sharpe, 1987); Gerry Groot, *Managing Transition: The Chinese Communist Party, United Front Work, Corporatism, and Hegemony* (New York & London: Routledge, 2004); Zhan Tong, "The United Front Work System and the Nonparty Elite," in Carol Lee Hamrin and Suisheng Zhao (eds.), *Decision-making in Deng's China: Perspectives from Insiders* (Armonk, NY: M. E. Sharpe, 1995); Xiaojun Yan, "Regime Inclusion and the Resilience of Authoritarianism: Local People's Political Consultative Conference in Post-Mao Chinese," (2011) *The China Journal* 66, 53-75.

統一戰線的原則與實踐

中國共產黨的統一戰線概念誕生於革命戰爭的嚴酷現實當中；原則上，這個概念受到列寧有關革命妥協（revolutionary reconciliation）學説的啟發。按照 J. D. 阿姆斯壯（J. D. Armstrong）所説，統一戰線概念包括了理論性、策略性和戰術性的部分。[4] 在理論上，統一戰線工作基於毛澤東的矛盾論哲學，強調中國持續的革命是建立在經濟、政治、軍事和文化上矛盾個體之間的鬥爭。然而，根據一切從實際出發的觀點方法，毛澤東認為不同性質矛盾及矛盾的不同方面之間的鬥爭在不同的革命階段呈現出不同形態。因此，就戰術而言，毛澤東思想中的統一戰線理論強調在革命的各個階段中，中國共產黨最重要的任務就是要準確地確定主要敵人之所在；所有其他未被直接定為主要敵人的社會力量，都可以也應該團結到黨的統一戰線的旗幟下。因此，毛澤東思想的統一戰線理論的精髓就是「團結大多數、孤立極少數」，在最大程度上築牢黨在革命和建設中的社會支持基礎。

根據這些原則，中國共產黨與中國國民黨在近三十年的歷史交手中實現了兩次在統一戰線旗幟下的合作。在革命戰爭歷

---

4 J. D. Armstrong, *Revolutionary Diplomacy: Chinese Foreign Policy and the United Front Doctrine* (Berkeley, CA: University of California Press, 1977), pp.14-22; 江平編著：《當代中國的統一戰線》上冊，北京：當代中國出版社 1996 年版，第 5-8 頁。

程中，中國共產黨總是通過與強大的競爭勢力合作，以聯合的力量來孤立和打擊最主要的敵人。在現實層面，統一戰線也是作為重要手段，使中國共產黨得以在政治鬥爭的防禦階段實現暫時退卻來獲取喘息空間，以休養生息、集聚革命力量，並取得最後勝利。因此，在對敵鬥爭之外，統一戰線對於中國共產黨而言，也是保存有生力量、鞏固政治團結的重要經驗。毛澤東本人在1939 年 10 月就曾一針見血地指出，「十八年的經驗，已使我們懂得：統一戰線、武裝鬥爭、黨的建設，是中國共產黨在中國革命中戰勝敵人的三個法寶，三個主要的法寶」[5]。1949 年 6 月，就在全國革命勝利前夕，毛澤東在〈論人民民主專政〉一文中對中國共產黨革命勝利的經驗作了更具體的概括。毛澤東指出：

　　一個有紀律的，有馬克思列寧主義的理論武裝的，採取自我批評方法的，聯繫人民群眾的黨；一個由這樣的黨領導的軍隊；一個由這樣的黨領導的各革命階級各革命派別的統一戰線；這三件是我們戰勝敵人的主要武器。依靠這三件，使我們取得了基本的勝利。[6]

5　毛澤東：《〈共產黨人〉發刊詞》，載《毛澤東選集》第二卷，北京：人民出版社 1991 年版，第 606 頁。

6　毛澤東：〈論人民民主專政〉，載《毛澤東選集》第四卷，第 1480 頁。

中華人民共和國建國之後，黨在長期革命鬥爭中掌握的這三大法寶仍然在社會主義革命和建設中發揮重要作用。如同斯萊克在書中所指出的那樣，統一戰線關係到「中國人民作為非敵對社會力量的聯合體，在中國共產黨領導下朝向共產主義社會的前進過程」[7]。建國後，建設新社會主義政權的任務十分急迫，黨的統一戰線系統立即從革命鬥爭的法寶轉變成政權建設的武器，在新中國建立初期鞏固新生政權、促進不同政治派別大聯合過程中起到了無可替代的重要作用。在中國共產黨統一戰線的旗幟下，黨外政治、經濟和文化菁英在新生的人民政權中被委以重任，在不同崗位上擔負起國家的重要責任。以 1949 年宣告成立的第一屆中央人民政府為例，在六位中央人民政府副主席中，有三位為黨外人士；在 56 位中央人民政府委員中，有 27 人為黨外人士。在政務院系統中，四位政務院副總理中的兩位以及 15 位政務委員中的九位為黨外人士。在第一屆政務院的 34 位部長中，有 15 位為黨外人士。[8]然而，中國共產黨統一戰線旗幟下建設和發展新生社會主義國家的實踐，因為文化大革命極「左」路線的到來而被迅速終止 。幸而在十年浩劫之後，改革開放時代的中國共產黨領導人從革命和建設的歷程中吸取經驗教訓，重新認識統一戰線對於新時期中國共產黨領導國家實現「四個現代化」的新長征的重

7　Lyman P. Van Slyke, *Enemies and Friends*, p.258.

8　江平編著：《當代中國的統一戰線》上冊，第 55-56 頁。

要意義；在中共中央主要領導人的大力倡導下，黨的統一戰線制度得以重新恢復，並以之作為團結各界社會力量、吸納新興社會階層和重建政治穩定的重要舉措。中國共產黨的主要領導人、無產階級革命家鄧小平（1978 年 3 月至 1983 年 6 月在任）、鄧穎超（1983 年 6 月至 1988 年 4 月在任）、李先念（1988 年 4 月至 1992 年 6 月在任）等先後在改革開放初期擔任黨的統一戰線的重要平台——中國人民政治協商會議全國委員會的主席。

統一戰線在多個方面對於中國共產黨取得革命鬥爭勝利、建設社會主義政權以及在改革開放時期保證國家基本政治秩序安全具有重要意義。首先，統一戰線來源於毛澤東思想中「矛盾論」的理論智慧；統一戰線在革命戰爭、政權創建、社會主義建設和改革開放不同時期的實踐，體現了不論時代變遷，中國共產黨在長期革命鬥爭中形成的思想寶庫仍對中國的治理具有持久影響力。同時，承認中國政治中主要矛盾在不同歷史時期不斷變化的事實，亦容許了黨在進行政權建設、建立最有利於現代化建設的政治大聯合方面具有高度靈活性、適應性和彈性。第二，統一戰線是中國共產黨既具戰略重要性又具戰術策略性的關鍵的工作機制，使黨可以順應客觀條件的變化，在複雜和艱苦的環境中得到發展。同時，在中國千變萬化的國內政治環境下，統一戰線使中國共產黨可以不斷贏得來自更具開放性的中上層社會菁英和知識階層的支持，也因此能夠與更重視基層動員的黨的群眾工作相輔相成、相得益彰，使中國共產黨的社會支持基礎範圍更加廣泛

和牢固。第三，統一戰線的目的在於建立跨階層、跨派別的政治大聯合，是將不同社會階層人士和具有不同政治主張的社會力量納入到國家基本政治秩序中的重要手段。統一戰線在擴大執政黨政治聯盟、建立和鞏固國內團結，以及削弱潛在敵對力量、保障國家基本政治秩序穩定和安全方面，至今仍發揮著其他政治機制所無法取代的關鍵性作用。

改革開放時代統一戰線的範圍

二十世紀七十年代末，面對文革給中國社會帶來的嚴重破壞，以及民眾對於文革期間的意識形態和極「左」政治路線的負面認知，改革開放時代的中國共產黨領導人在撥亂反正和全黨工作重心向現代化建設轉移的大進程中，開始重新重視統一戰線的巨大作用。作為發揮國家彈性和提供政治吸納性的重要手段，黨的統戰系統約在 1977 年 2 月重新開始恢復工作 —— 這時距離粉碎「四人幫」僅四個月。如同鄧小平所明確指出的那樣，在新的歷史時期：

統一戰線仍然是一個重要法寶，不是可以削弱，而是應該加強，不是可以縮小，而是應該擴大 …… 新時期統一戰線的任務，就是要調動一切積極因素，團結一切可以團結的力量，為在本世紀內把我國建設成為現代化的社會主義強國而共同

奮鬥，還要為促進台灣回歸祖國，完成祖國統一大業而共同努力。[9]

在 1979 到 1982 年的短短三年間，中國的八個主要民主黨派吸收了超過 35,000 名新黨員，重建了超過 700 個地方民主黨派組織和超過 4,000 個民主黨派基層支部。[10] 1982 年，中共中央確定，新時期黨的統一戰線的主要目標是九類社會人士，而於 2000 年更進一步拓展到了十二個類別。表 4-1 展示了改革開放時代統一戰線目標群組的變化。今天，中國共產黨統一戰線的目標人口正不斷擴大，並且黨更設立目標要進一步將留學生團體、新媒體人士等不斷湧現的新社會階層人士包括進來，使他們都能進入中國共產黨領導下國內政治大團結的序列。

在二十一世紀初期，中國共產黨統一戰線工作的主要目標人群可以總結為以下四類：

1. 社會賢達：這一類別人士幾乎包括黨外社會力量中最上層的部分，也包括部分活躍在黨的幹部和宣傳體制之外的政治、經濟、社會及意見領袖。儘管從詞源學上講，「社會賢達」一詞定義頗為寬鬆，但就黨的統一戰線而言，能被歸入此類群體的標準則極為嚴格。大多數屬於此類的黨外人士都曾在中國共產黨革命

9 江平編著：《當代中國的統一戰線》下冊，第 82 頁。

10 張憶軍：《風雨同舟七十年》，北京：學林出版社 2001 年版，第 589 頁。

表 4-1：改革開放時代中國統一戰線的工作範圍

1979	1981
1. 中國人民政治協商會議成員和各民主派黨員	1. 各民主派黨員
2. 少數民族人士和宗教界人士	2. 無黨派人士
3. 各界愛國力量	3. 黨外知識分子
4. 知識分子	4. 起義和投誠的原國民黨軍政人員及眷屬
5. 原工商業者	5. 原工商業者
6. 香港和澳門同胞	6. 少數民族領袖
7. 中國海外團體領袖	7. 愛國宗教領袖
8. 外國人士	8. 去台灣人員留在大陸的親屬和朋友
	9. 香港和澳門同胞
	10. 海外僑胞和歸僑僑眷

2000	2006
1. 各民主黨派黨員	1. 各民主黨派黨員
2. 無黨派人士	2. 無黨派人士
3. 黨外知識分子	3. 黨外知識分子
4. 少數民族人士	4. 少數民族人士
5. 宗教界人士	5. 宗教界人士
6. 非公有制經濟人士	6. 非公有制經濟人士
7. 香港和澳門同胞	7. 私營企業和外資企業的管理技術人士
8. 去台灣人員留在大陸的親屬和回大陸定居的台胞	8. 中介組織從業人員
9. 出國和歸國留學人員	9. 自由職業人員
10. 海外僑胞和歸僑僑眷	10. 原工商業者
11. 原工商業者	11. 起義和投誠的原國民黨軍政人員及眷屬
12. 起義和投誠的原國民黨軍政人員	12. 香港和澳門同胞
	13. 去台灣人員留在大陸的親屬
	14. 出國和歸國留學人員
	15. 海外僑胞和歸僑僑眷

資料來源：鄧小平：《鄧小平文選》第三卷，北京：人民出版社 1993 年版，第 187 頁；江平：《當代中國的統一戰線》下冊，第 461 頁；中央統戰部政策理論研究室：《江澤民同志論統一戰線（1989 年 -2002 年）》，2002 年 12 月，第 295-303 頁；孫信、姜立、馬東昇：《新的社會階層統戰工作概論》，北京：中央編譯出版社 2007 年版，第 66 頁。

戰爭時期積極地向黨提供重要幫助。根據官方對於第一屆全國政協組成陣容的描述，統一戰線中的社會賢達應大致涵蓋：

中國民族民主革命各個歷史時期中為人民事業作出過貢獻的知名人士和代表人物。從辛亥革命、北伐戰爭、五四運動、抗日戰爭到解放戰爭，各個革命時期的代表人物⋯⋯乃至前清末期和北洋政府時期較有聲望以及後來同情革命、為人民做過好事的人物⋯⋯[11]

因此，隨著這些中國共產黨早期的黨外朋友逐漸走入歷史，「社會賢達」這一統一戰線工作所針對的人群目前已經縮小為一個範圍很小的「俱樂部」，僅接受少數符合資格人士的直系後代或經精心挑選的政治繼承人加入。

2. 知識分子：從傳統中國開始，知識階層始終壟斷國家的意識形態和權力話語，歷朝歷代的中國政權始終視知識分子為最具力量並需要吸納和控制的社會群體之一。中國共產黨的重要領導人周恩來曾指出，中國的政權主要由兩個政治聯盟構成：一是無產階級和其他勞動人民（包括知識分子）的聯盟，一是無產階級與小資產階級的聯盟。[12] 在官方定義中，中國共產黨認為任何擁

---

11 江平編著：《當代中國的統一戰線》上冊，第 44 頁。

12 同上，第 382-383 頁。

有高等學歷並從事生產、傳播以及應用知識工作的人均屬於知識分子範疇。[13]據官方統計，2005 年全國共有 39,825,000 名知識分子。[14]考慮到知識階層對政治、經濟、文化和基層社會的巨大影響力，針對知識分子的統一戰線工作始終被認為是中國共產黨政權建設中最重要和最必要的環節。1991 年 4 月，中共中央辦公廳曾發出文件明確要求黨的統戰系統必須參與知識分子政策的制定，這包括但不限於有關知識分子的政治地位、經濟收入以及學術職銜等的一系列政策規定。[15]

3. 民族宗教人士：中國是一個多民族國家，同時也有數量眾多的宗教信仰並存。中國境內廣泛存在少數民族人群和宗教信徒社區；中國共產黨作為一個奉行無神論意識形態的政黨，其是否能夠有效地超越意識形態差異、對民族宗教人士進行吸納和保持聯絡，是保障國家基本政治秩序穩定的重要環節。黨針對少數民族的統戰工作尤其重視將他們的上層人士吸納至各級黨政機關中，並注重推行在大學教育、計劃生育、社會保障和經濟發展等方面針對少數民族的優惠政策。對於宗教人士，黨的統戰工作的基本任務是要將宗教信徒和神職人員吸納進國家基本政治秩序之

---

13 中央統戰部政策研究室：《統一戰線工作手冊》，南京大學出版社 1986 年版，第 821 頁。

14 張繼輝、李小寧主編：《統一戰線中的知識分子問題》，北京：中央編譯出版社 2007 年版，第 15 頁。

15 江平編著：《當代中國的統一戰線》下冊，第 188 頁。

中，同時充分發揮宗教界對於現代化建設的積極作用、防範海外宗教機構對中國境內進行宗教和政治上的聯繫和滲透。

4. 新社會階層人士：新社會階層人士群體主要由私營企業主、外資及中外合資企業高級僱員、職業經理人，以及專業人士組成，他們是改革開放時代在市場經濟改革中興起的新的重要社會力量。據估算：

目前，我國新的社會階層及從業人員人數已超過 1.5 億人，約佔總人口的 11.5%，掌握或管理著 10 萬億元左右的資本，使用著全國半數以上的技術專利，直接或間接地貢獻著全國近 1/3 的稅收。[16]

大部分新社會階層的人員既不從屬於、也不在經濟上依賴於國家，因此與執政黨之間存在距離。根據 2002 年的一項政府統計，在北京有 89.3% 的法律從業者、96.2% 的會計及精算從業者、以及 84.3% 的外資企業管理人員並不從屬於任何政黨。[17] 考慮到新社會階層的經濟和社會地位已經突破舊有計劃經濟體制下的社會經濟網絡，因此他們成為「黨的統戰工作新的關注點」[18]。

---

16 孫信、姜立、馬東升：《新的社會階層統戰工作概論》，第 4 頁。
17 張繼輝、李小寧主編：《統一戰線中的知識分子問題》，第 207 頁。
18 孫信、姜立、馬東升：《新的社會階層統戰工作概論》，第 217 頁。

對新社會階層的統戰工作的四項重要任務也被確定為「團結、幫助、引導和教育」的八字方針。[19]

總體而言，在二十一世紀初期，中國共產黨的統戰工作適應社會主義市場經濟的新條件，一方面繼承和發揚革命和建設時期統一戰線工作的寶貴經驗，同時也充分發揮體制彈性，對原有的工作對象、工作範圍和工作方式進行了符合新的時代特徵的創新與調整。中國共產黨統一戰線的工作對象，特點是基本涵蓋在國家基本政治秩序和意識形態論述中那些可能具有「他者」身分的社會群體，而通過統一戰線工作，黨充分利用體制的包容性、通過擴大體制邊界，不斷將這些重要的社會力量吸納到政權中來，建立起他們對於國家基本政治秩序的認同和歸屬感，從而從基礎上夯實政權的社會支持基礎。作為重要的政治吸納機制，統一戰線幫助國家基本政治秩序延伸至本處於政治邊緣的社會階層，幫助黨在複雜動盪的內外環境中牢牢保持國家的政治凝聚力。

組織結構

中國共產黨的統一戰線系統具有十分緊密的結構和網絡，涉及不同層次的黨政機關、社會組織和人民團體、立法機關和政治協商組織，也包括政治安排、對內對外宣傳等任務。這一組織

---

19 同上，第 92-93 頁。

結構發端於中國共產黨的革命戰爭時期，在新中國建國初期得到重組和調整，在改革開放時期重新獲得發展。

正如中國共產黨的其他工作系統一樣，統戰系統的最高領導權力由中央委員會和政治局掌握。自 1993 年起，由政治局指定一名常委會委員來負責統戰工作，已經成為慣例。這名常委同時會出任全國政協主席，而全國政協是黨的統戰工作的重要組織平台。日常統戰事務則由中央書記處領導。

在統戰系統執行結構的頂端是中共中央統一戰線工作部（簡稱「中央統戰部」），該部負責執行黨的統一戰線政策。除了辦公廳、政策研究室和後勤支援部門，統戰部分為若干個局，每一個局負責統戰系統的一個工作領域，包括民主黨派、民族宗教事務、知識分子事務、海外統戰工作、幹部事務和新社會階層等。中央統戰部同時還負責聯繫兩個國家部委，分別是國家民族事務委員會和國家宗教事務局。

統一戰線的組織機構包括民主黨派和全國政協。民主黨派源自革命戰爭時期，在此期間中國共產黨與許多尋求「第三條道路」的小黨派合作以對抗國民黨的統治。[20] 在中華人民共和國成立之後，民主黨派轉變為中國政治中的參政黨，並在中央統戰部的支援下開展工作，形成了「一黨執政、多黨參政」的政治體

---

20 關於中國民主黨派第三條道路的研究，參見劉延東：《當代中國的民主黨派》，北京：當代中國出版社 1999 年版，第 1-15 頁。

制。圖 4-1 展示了中國主要民主黨派黨員數量的變化。1983 年，中央統戰部為每個民主黨派指定了不同的社會階層，以供他們吸收新成員（指定社會界別的列表參見表 4-2）。

另一方面，中國人民政治協商會議是國家主要的政治協商組織（關於人民政協的研究，詳見本書第二章），也是中國共產黨統一戰線的主要平台。全國政協委員包括中國共產黨、各民主黨派、無黨派人士、各群眾組織和人民團體，以及不同社會階層界別的代表。超過半數的政協委員是黨外人士（見圖 4-2）。全國政協已經成為中國最重要的政治吸納性機構。

統戰工作的另一層面則包括黨所支持的各種社會組織，它們負責吸納特定社會群組進入體制。第一類是官方組織，例如負責私營企業主的中華全國工商業聯合會。第二類是半官方組織，例如各種全國宗教協會（中國佛教協會、中國道教協會和中國伊斯蘭教協會等）以及各種專業協會（例如中國醫師協會、中國律師協會等）。第三類社會組織包括結構更為鬆散的協會和俱樂部，它們通常針對特定社會群體。典型的例子包括針對海外留學人員的歐美同學會、針對國民黨軍隊上層人士的黃埔軍校校友會，或針對旅居海外的有影響力華人華僑的對外友好協會和海外聯誼會。

最後，統戰系統擁有廣闊的宣傳網絡，其受眾包括知識分子、海外華僑、專業人士、企業家和其他目標人群。這類機構包括由國務院僑務辦公室管理的中國新聞社、由中央對外宣傳辦公

圖 4-1：中國主要民主黨派成員情況

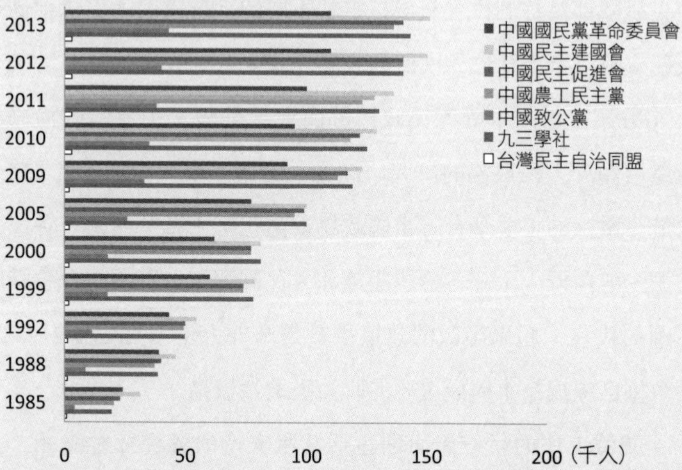
2013
2012
2011
2010
2009
2005
2000
1999
1992
1988
1985
0
50
100
150
200（千人）
中國國民黨革命委員會
中國民主建國會
中國民主促進會
中國農工民主黨
中國致公黨
九三學社
台灣民主自治同盟

資料來源：國家統計局社會統計司：《中國社會統計資料 1987》，北京：中國統計出版社 1987 年版，第 276 頁；國家統計局社會統計司：《中國社會統計資料 1990》，北京：中國統計出版社 1990 年版，第 302 頁；國家統計局社會統計司：《中國社會統計資料 1993》，北京：中國統計出版社 1994 年版，第 248 頁；國家統計局人口和社會科技統計司：《中國社會統計資料 1999》，北京：中國統計出版社 2000 年版，第 248 頁；國家統計局社會科技和文化產業統計司：《中國社會統計年鑒 2015》，北京：中國統計出版社 2016 年版，第 366 頁。

表 4-2：民主黨派組織的發展對象重點分工

黨派	發展對象的重點分工
中國民主同盟（民盟）	文教界人士（著重高等院校）
中國民主促進會（民進）	中小學教師、師範院校和文化出版界人士
中國農工民主黨	醫藥衛生界人士
中國致公黨	歸國華僑和僑眷人士
九三學社	科學技術界人士
台灣民主自治同盟（台盟）	居住在大陸的台灣省籍人士
中國國民黨革命委員會（民革）	原國民黨和與國民黨有歷史聯繫的人士
中國民主建國會（民建）	原來發展的主要對象為代表性較大的原工商業者，因現已為數不多，今後可在從事工商企業和其他經濟工作的人士中適當發展

資料來源：江平編著：《當代中國的統一戰線》下冊，第 101 頁。

圖 4-2：歷屆全國政協黨外人士所佔百分比

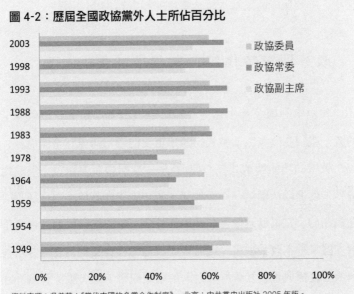

資料來源：吳美華：《當代中國的多黨合作制度》，北京：中共黨史出版社 2005 年版。

室管理的中國國際廣播電台，以及由中共中央台灣工作辦公室管理的海峽之聲等。

綜括而言，中國共產黨的統一戰線並非如西方學者所認為的那樣，是簡單的裝飾或門面工夫；相反，作為中國共產黨革命和建設的法寶之一，統一戰線是致力聯絡和吸納黨外社會力量的複雜而精細的體系。根據官方話語，統戰系統的主要職能包括四個部分：「參」（參與政策過程）、「代」（代表特殊社會群體）、「監」（監督政府工作）以及「改」（政治上的自我教育）。正是有賴於統一戰線這個多面向、多層次及多層階的政治吸納結構，中國共產黨得以建立起廣泛網絡，以聯絡和溝通在黨的正式體制之外的重要社會群體，不斷提高政權的凝聚力，不斷加強黨內外團結，有效保障國家基本政治秩序的穩定和安全。

改革開放時代統一戰線的功能

作為黨和國家最主要的政治吸納機制，中國共產黨領導下的統一戰線在改革開放時代扮演了重要的政治角色。整體而言，統一戰線的功能圍繞其核心使命 —— 發揮體制彈性、拓展政權邊界、促進政治團結——而展開。統一戰線與其他黨政系統不同之處在於，它幫助政權系統性地與社會力量聯絡，幫助社會力量融入國家基本政治秩序，從而鞏固政權的社會支持基礎，並培養和鞏固政權與重要社會群體之間的聯繫紐帶。統一戰線對黨外社

會階層及其上層人士的吸納主要通過統戰系統的四項主要工作職能來實現，即政策諮商、政治安排、照顧聯絡和政治賦權。

邀請具有影響力的黨外社會人士在各個層級參與黨和國家的政策制定過程，這既是集思廣益、提高決策質量的需要，同時也是密切這些黨外人士對政權的歸屬感、鞏固他們對國家基本政治秩序的支援度的需要。例如，政治局和國務院在準備重要政策文件時，總是通過統戰系統徵求民主黨派和黨外知名人士的意見。這些重要決策包括向黨的全國代表大會呈交的政治報告、為黨的中央全會起草的文件、中央領導人的主要政策講話、提交給人大的政府工作報告、主要立法，以及黨和政府的其他重要決策等。另一方面，中國共產黨也支持和鼓勵黨外人士就重要政策通過統戰系統向黨的領導層建言獻策。據官方統計，僅在 1989 到 2004 年期間，中央領導通過統戰系統就收到超過 88,000 件建言獻策。[21]

安排黨外人士擔任國家不同崗位的領導職務 —— 在官方論述中被稱作政治安排 —— 是統戰系統的另一項主要工作職能。政治安排通常包括任命黨外人士和統戰對象擔任人大政協、政府部門、司法機關等的領導職務。自中華人民共和國成立以來，按照德才兼備的標準安排一定數量的黨外人士擔任官方職務，就一

---

21 孫瑞華編著：《中國參政黨建設的理論與實踐》，北京：中央編譯出版社 2007 年版，第 40 頁。

直是統戰工作的重要任務。[22] 前全國政協主席李瑞環曾說:「即使我們只能安排幾位『黨外人士』,他們也可以影響很多人。」[23] 中共中央 1989 年 4 號文件重申,安排黨外人士「參加政權」必須成為統戰工作的基礎。[24] 必須指出,中國共產黨對黨外人士特別是民主黨派人士的政治安排,前提是他們只以「個人名義」工作,並不是代表所屬的民主黨派參加領導工作。[25]

中共中央統戰部在 1982 年「第一次全國統戰工作會議紀要」中明確了在改革開放新時期對黨外人士進行政治安排的四項原則。這份文件強調:

第一,應著重安排政治上有代表性的、對四化建設作出重要貢獻的和對台灣有影響的黨外人士;

第二,對長期同我黨合作的黨外上層代表人物,只要他們還健在,就要保留他們的職務;

第三,要積極選拔黨外新的代表人物,特別是德才兼備、有突出貢獻的非黨中年知識分子;

---

22 《當代中國》叢書編輯部:《當代中國的人民政協》,北京:當代中國出版社 1993 年版,第 29-30 頁。

23 顧兆貴選編:《新時期統一戰線文獻摘編》,北京:華文出版社 2002 年版,第 22 頁。

24 王佐書:《論中國民主黨派的政治交接》,北京:人民出版社 2007 年版,第 227 頁。

25 全國政協理論研究協會秘書處:《中國人民政協理論研究會第一次理論研討會論文集》,北京:中國文史出版社 2007 年版,第 119 頁。

第四，儘量減少兼職。[20]

同時，中央規定，對黨外社會人士的政治安排不佔職數限制。[27]

統一戰線的政治吸納工作也涉及與統戰對象加強聯絡，以及提供適當的生活照顧。毛澤東在建國前就敏銳地意識到：「領導的階級和政黨，要實現自己對於被領導的階級、階層、政黨和人民團體的領導，必須具備兩個條件：（甲）率領被領導者（同盟者）向著共同敵人作堅決的鬥爭，並取得勝利；（乙）對被領導者給以物質福利，至少不損害其利益，同時對被領導者給以政治教育。沒有這兩個條件或兩個條件缺一，就不能實現領導。」[28]1977 年 9 月 1 日，鄧小平在聽取中央統戰部關於知識分子外流情況比較嚴重的彙報時亦嚴肅指出：

知識分子問題，統戰部應注意。知識分子的安排、待遇，包括政治的、生活的，別的單位不能從總的方面去考慮。現在發現知識分子外流，程度很嚴重。有些人是科研和教學的骨幹，由於生活待遇很低，一些人已經出去了，還有一些人在申

26 顧兆貴選編：《新時期統一戰線文獻摘編》，第 112 頁。
27 同上，第 113 頁。
28《毛澤東選集》第四卷，第 1273 頁。

請出去。年紀大的不願意走，走的大多是中年人 …… 解決這個問題單靠政治不行，還要有物質。講按勞分配，他們沒有按勞所得，待遇不合理。要研究制定一系列制度 …… 把知識分子團結起來 …… **29**

上世紀八十年代初，針對居住在大陸的台灣人士，統戰系統在一份指示中曾要求：

對生活有困難的台灣同胞，要採取各種辦法給予補助，使之不低於當地中等生活水平。對鰥寡孤獨、老幼病殘、生活無依無靠的，要切實照顧。使老有所養、幼有所教，能工作的分配工作，喪失勞動能力的由國家養起來。住房確有困難的，要給予解決。**30**

該文件的第六條規定「夫婦雙方有一方原籍是台灣的，他們的子女在參軍、升學、就業等方面，也應優先照顧。台灣同胞青年的補習、就業問題，應想方設法儘快解決」**31**。對於知識分子，中央統戰部在 1980 年的一份文件中要求各級黨委「要十分關心老專

---

29 江平編著：《當代中國的統一戰線》下冊，第 185 頁。

30 中央統戰部政策研究室：《統一戰線工作手冊》，第 145 頁。

31 同上。

家的健康，在醫療保健、副食品供應和交通用車等方面給予照顧」[32]。自八十年代中期開始，統戰系統還曾在中國科學院、中國社會科學院、中國醫學科學院、文化部藝術局、文化部出版局、北京市規劃局、北京市機械工業總公司、北京大學、清華大學和北京師範大學等十個單位建立了「黨外知識分子聯絡點」，加強與統戰對象的聯絡工作，以及時發現和解決他們的實際困難。[33]

統一戰線系統也逐步建立起制度框架，在更大範圍內鼓勵黨外人士參加國家的政治生活。統戰系統充分賦予統戰對象對黨和國家工作的監督權利。自 1992 年起，統戰系統在全國範圍內建立了邀請黨外人士擔任「特別監督員」的制度，並使之在各個層級監督政府工作。[34] 1993 年，中央統戰部與中紀委聯合發佈文件，公佈加強黨外人士在反腐敗工作中的作用的相應政策。[35] 在短短數年之內，這一機制就拓展到了審計、教育、土地、人事、商務、稅收、公安以及檢察院等不同機構。[36] 以檢察院為例，最高人民檢察院邀請了 75 名黨外人士擔任監督員，在 1990 到 2000 年間，共有 830 名黨外人士獲邀擔任各省級和縣級檢察院特約監

---

32 同上，第 129 頁。

33 江平編著：《當代中國的統一戰線》下冊，第 189 頁。

34 張憶軍：《風雨同舟七十年》，第 638 頁。

35 同上。

36 鄭憲：《中國參政黨建設新論》，北京：中共中央黨校出版社 2006 年版，第 188-192 頁；羅廣武編著：《中國民主黨派大事通覽（1949-2000）》下冊，北京：華文出版社 2010 年版，第 1663 頁。

督員。**37** 此外，統戰系統也承擔重要的教育職能，鼓勵黨外社會人士進行政治和意識形態的自我教育。

隨著市場經濟條件下私營經濟的進一步拓展和社會利益的進一步多元化，黨和國家也開始利用統一戰線這個法寶來協調新時代多元複雜的社會利益。正如 1993 年全國統戰工作會議強調的那樣：

愛國統一戰線是協調關係、化解矛盾、維護社會穩定的積極力量。新舊體制的交替，各種利益關係的調整，不可避免會產生一些新的矛盾。由於國際上局部地區民族、宗教衝突的加劇，我國社會中的一些不穩定因素有可能被觸發以致激化 …… 統一戰線彙集了各方面黨外代表人士，他們在各自所聯繫的群眾中往往具有我們黨不可替代的影響。同樣的語言，由他們向自己代表的群眾說出來，有時比我們說更容易被接受；同樣的工作，由他們到自己代表的群眾中去組織和開展，常常比我們去做效果更顯著。通過統一戰線，協調關係、溝通思想、理順情緒、化解矛盾，可以有效地消除各種不穩定因素，對實現我國長治久安具有重要的作用。**38**

---

37 羅廣武編著：《中國民主黨派大事通覽（1949-2000）》下冊，第 1707 頁。

38 顧兆貴選編：《新時期統一戰線文獻摘編》，第 21 頁。

結 語

　　如同任何其他政權一樣，為了保證國家的政治穩定和社會安寧，中國共產黨作為執政黨必須不斷拓展其體制的邊界、發揮體制的彈性，吸納更多的社會力量進入國家基本政治秩序，阻止潛在反體制力量的形成。這涉及到一系列重要且持續的政權建設工作，包括維持政權與社會力量之間的聯繫、通過政治安排建立主要社會人士與政權的紐帶、提供生活照顧，以及進行意識形態自我教育等。這些繁重的政權建設任務都需要一整套具有高度彈性和吸納性、廣泛覆蓋目標人群的制度框架和組織結構來完成。中國共產黨正是通過統一戰線這個具有中國特色的重要政治機制，將社會菁英吸納進黨政體制，建立他們與政權之間的團結、互信和共融，從而得以保障國家基本政治秩序的穩定與安全。統一戰線這個具有高度彈性的制度設計，必然是二十一世紀中國共產黨繼續保持政權安全和國家長治久安的重要法寶之一。

第 五 章

構建穩定秩序：

中國共產黨如何維護大學校園的政治安定？

縱觀古今中外，從北卡羅萊納州格林斯伯勒市的餐桌靜坐運動，[1] 到二十一世紀的「顏色革命」和「阿拉伯之春」，青年學生作為一個充滿活力的社會群體，總是在歷史的重要拐點上，顯示出影響重要社會及政治軌跡的力量和意願。當學生運動興起，權力的既有結構往往受到威脅；當學生對官方意識形態及國家政策保持冷感而與國家主體政治秩序保持距離時，國家的社會支持基礎會出現缺陷和短板。[2] 在西方，青年大學生因此被學者認為

---

1 發生於 1960 年 2 月 1 日美國北卡羅萊納州格林斯伯勒市的餐桌抗議事件（Greensboro Sit-Ins）是二十世紀中期非裔美國人抗議種族歧視、爭取平等權利的標誌性事件。坐落於格林斯伯勒市中心的伍爾沃思百貨（the Woolworth's）是當地著名的商店，其一樓西北角設置快餐館。然而，該快餐館的座位按膚色劃分：白人可以任意就座，有色人種則只可坐於隔離區域。1960 年 2 月 1 日下午 4 時 30 分許，四位來自北卡羅萊納農業與科技學院（North Carolina Agricultural and Technical College）的黑人學生來到快餐館。按事先策劃，他們並沒有坐到有色人種指定區，相反在吧台前落座並要求服務，當即遭到服務人員拒絕。快餐館經理並決定報警，當地媒體記者迅速報導了事件。學生們決定擴大抗議規模。次日清晨，29 名學生在快餐館吧台前就坐，一言不發複習功課。至 2 月 3 日，該餐館的座位幾乎全被學生佔滿。抗議活動在當地民權組織的動員下不斷擴大，到 2 月 6 日已經有上百名學生走上街頭抗議伍爾沃思百貨商店的種族隔離政策。儘管在當地政府官員和社會知名人士的調停下，抗議活動在 7 日宣告暫停，但由於當地的百貨公司不同意完全撤銷隔離就座政策，學生和社會團體於 4 月初再次走上街頭並佔領快餐館。最終，迫於銷售額大幅下滑的壓力，幾家百貨公司達成一致意見，取消了極具歧視性的種族隔離就座政策。參見：William Henry Chafe, *Civilities and Civil Rights: Greensboro, North Carolina, and the Black Struggle for Freedom* (New York: Oxford University Press, 1980); Miles Wolff, *Lunch at the Five and Ten: The Greensboro Sit-ins* (New York: Stein and Day Publishers, 1970).

2 Seymour M. Lipset, *Rebellion in the University* (London: Routledge & Kegan Paul, 1972), p.4.

是「國家理想主義的儲藏庫」[3]，而大學校園也被稱為「民主運動波譎雲詭的中心舞台」[4]。

在中國近現代歷史上，大學生也一直都是國家政治生活中最具有活力的力量。從 1919 年的五四運動開始，學生運動始終是中國走向現代化國家歷程中的重要篇章。在中國現代國家治理中，要保持國家基本社會政治秩序的穩定，就必須保證大學生群體對國家政治價值和政權結構的支持，以及大學校園的安定。令西方世界感到驚奇的是，當過去十年由中亞到中東的政治亂局不斷傾覆有關各國政權、香港地區和台灣地區的反體制學生運動也甚囂塵上時，二十一世紀的中國大學校園始終成功保持政治安定，大學生群體對國家政治價值的支持也極為鞏固。事實上，自 1989 年的政治風波之後，中國內地就再沒發生過大型的反體制學生運動。即便當學生在抗議以美國為首的北約轟炸位於貝爾格萊德的中國駐南斯拉夫聯盟大使館、反對日本成為聯合國安理會常任理事國、抗議日本政府釣魚島政策等不同時間節點走上街頭時，他們所針對的對象也是美日和西方反華勢力，他們支持的

3　Francis Donahue, "Students in Latin-American Politics," in Alexander DeConde (ed.), *Student Activism: Town and Gown in Historical Perspective* (New York: C. Scribner's Sons, 1971), p.254.

4　Robert A. Rhoads, *Freedom's Web: Student Activism in an Age of Cultural Diversity* (Baltimore, MD: The Johns Hopkins University Press, 1998), p.2.

是中國政府的立場。[5] 這不禁讓人感到好奇，中國共產黨是如何在二十一世紀初期極為複雜的國內外環境中保持全國 2,300 餘所高等院校的政治穩定，並得到大學生群體在政治上總體的認同和支持？[6]

政權與管控

在現代政治制度背景下，國家管控是任何政權正常運行的關鍵所在。政治權力，尤其是主權國家，或多或少必須依賴其對國家暴力機器的壟斷來作為建立社會管控的根本保證和最後手段。這一點從東到西，對於不同國家都適用。沒有防暴警察、法庭、監獄等國家強制手段，任何國家政權都無法運行。[7] 事實上，美國著名政治學家查爾斯・蒂利（Charles Tilly）直接將現代國家稱為「具有強制能力的組織機器」[8]。

5　例如，相關論述可見於 Peter Hays Gries, *China's New Nationalism* (Berkeley, CA: University of California Press, 2004) 和 Susan L. Shirk, *China: Fragile Superpower* (New York: Oxford University Press, 2007)。

6　根據中國教育部的資料，2010 年中國有 2,358 所正式高等教育機構，在讀學生 22,317,929 人。可參見謝煥忠編纂：《中國教育統計年鑒》，北京：人民教育出版社 2011 年版，第 21、23 頁。

7　Max Weber, "The Profession and Vocation of Politics," in Peter Lassman and Ronald Speirs (eds.), *Weber: Political Writings* (Cambridge: Cambridge University Press, 1994).

8　Charles Tilly, *Coercion, Capital and European States* (Cambridge, MA: Blackwell, 1992), p.1.

然而，沒有任何一個政權能夠僅僅依靠國家暴力〔或者用意大利共產黨人安東尼奧·葛蘭西（Antonio Gramsci）的說法：「直接支配」〕來確保政權對於社會的管控。不少人認為，國家直接使用暴力的成本甚高，並且使用暴力也會影響執政力量的認受性基礎。因此，為了有效地實現對社會的管控，政治權力永遠都需要透過制度化手段及「日常實踐」[9] 來維持「明確而精細的對內管控」，從而保證國家基本政治秩序的穩定和安全。[10] 這類日常實踐通常通過兩個途徑來實現：其一為意識形態，其二為組織機器。

　　葛蘭西在其遺著《獄中筆記》中主張，西方工業化國家的資產階級往往利用由自己或代理人掌握的「文化霸權」來支配被剝削的社會階層，並將其統治階級的價值觀念內化於被統治階級的意識形態之中。統治階級通過操縱文化 —— 具體而言就是多元社會中的信仰、價值觀、話語、意義構建等，將他們本階級的文化準則固化為全社會的普遍觀念，並將它強加於民眾，從而有效地確保大部分群眾的自發贊同。在那種情況下，國家的強制機器只需要對「那些積極或消極拒絕給予『贊同』的社會群體」執

9　Michel de Certeau, *The Practice of Everyday Life* (Berkeley, CA: University of California Press, 1984).

10　Michel Foucault, *Discipline & Punish: The Birth of the Prison* (New York: Vintage Books, 1977), p.172.

行紀律就已足夠維持基本統治秩序的安全。[11]

　　法國馬克思主義哲學家路易‧阿爾圖賽（Louis Althusser）則認為國家政治、經濟以及社會秩序的持續穩定，需要社會成員「對既定秩序的規矩抱有服從態度」，而這種態度是「以意識形態服從的形式來體現」。[12] 因此阿爾圖賽對「國家暴力機器」和「國家意識形態機器」作出區分，並且認為政權若不能夠在「國家意識形態機器」內及之上保有優勢地位，國家權力將無法存續。[13] 阿爾圖賽認為，教育機構作為國家意識形態機器的最重要組成部分，需要確保民眾服膺於國家主流意識形態或其實踐。[14] 泰瑞‧伊格頓（Terry Eagleton）也認為，意識形態（或作「霸權論述」）因此構成了國家權力得以對社會進行有效管控的支配性力量和權威基礎。[15]

　　如前所述，國家權力對社會進行管控、從而保證國家基本政治社會秩序穩定的第二個渠道是國家組織機器。米歇爾‧福柯（Michel Foucault）在《規訓與懲罰》（*Discipline & Punish*）一書中，曾對現代化條件下權力對於個體進行管控的方式進行了詳細

---

11 Antonio Gramsci, *Selections from Prison Notebooks* (New York: International Publishers, 1971), p.12.

12 Louis Althusser, *On Ideology* (London: Verso, 2008), pp.6-7.

13 同上，第 20-21 頁。

14 同上，第 7 頁。

15 Terry Eagleton, *Ideology: An Introduction* (London: Verso, 2007), p.xxii, 45.

研究。福柯認為對於現代的整體化權力而言，管控是透過行使規訓式權力而得以建立的。透過以有組織的形式推行特定習慣、規則和秩序，規訓式權力將所期望的規範及行為內化於權力行使對象的日常生活之中。[16] 根據布萊恩‧特納（Bryan S. Turner）的解釋，現代權力乃是通過一種持續的「制度性規則及精細規訓控制組成的網絡」[17] 來得以實現。根據特納的觀點，「隨著在科層化及理性化過程的展開，群眾對於理性規訓的服膺會日益增加」[18]。

因此，在現代政體中，國家對社會的管控已經逐步演變成一種綜合強制力量、表意力量以及規訓力量三者的複雜過程。今天，世界各地的政權也愈來愈需要一整套巧妙（nuanced）、常態化（normalized）並經內化（internalized）的系統及策略，以確保國家通過組織機器和意識形態這兩個基本渠道實現對社會的有效掌控。

研究不同歷史時期中國大學生群體的學者們一直強調中國大學校園裡的權力結構和制度安排對於學生的政治活躍度和傾向性具有關鍵的影響力；校園權力結構也對學生運動的發生和

16 Michel Foucault, *Discipline & Punish: The Birth of the Prison*, p.170.

17 Bryan S. Turner, *The Body & Society* (Los Angeles: Sage, 2008), p.95.

18 同上。

形態具有影響。[19] 舉例來説，在 1975 至 1976 年，安・肯特（Ann Kent）在對上海師範大學的研究中，檢視了毛澤東時期如何努力通過教育改革、階級劃分及開門辦學等途徑，來改造高等教育制度、建設培養又紅又專人才的新型社會主義大學。[20] 另一方面，安舟（Joel Andreas）關於清華大學工宣隊活動的研究，揭示了即使在文化大革命的混亂時期，國家依然得以通過一套以相互牽制和派系間的制度化「制衡」為特點的大學管治模式來保持其對大學校園的管控。[21] 徐美德（Ruth Hayhoe）通過調查於中國高等院校開設的思想政治課程，發現以「德育」為名的意識形態教育，

---

19 舉例而言，中華人民共和國時期的相應論述可見於 Jeffrey Wasserstrom, *Student Protests in Twentieth-Century China* (Stanford, CA: Stanford University Press, 1991) 及 Jeffrey Wasserstrom and Xinyong Liu, "Student Protest and Student Life: Shanghai, 1919-49," (1989) *Social History* 14(1), 1-29；文化大革命時期的相應論述可見於 Andrew Walder, *Fractured Rebellion* (Cambridge, MA: Harvard University Press, 2009)；天安門運動的相應論述可見於 Douglas J. Guthrie, "Political Theater and Student Organizations in the 1989 Chinese Movement: A Multivariate Analysis of Tiananmen," (1995) *Sociological Forum* 10(3), 419-454。此外，Craig Calhoun, *Neither Gods nor Emperors* (Berkeley, CA: University of California Press, 1994), Jeffrey Wasserstrom and Elizabeth J. Perry (eds.), *Popular Protest & Political Culture in Modern China* (Boulder, CO: Westview Press, 1994), 以及 Dingxing Zhao, *The Power of Tian'anmen* (Chicago: University of Chicago Press, 2001) 也有相關論述。

20 Ann Kent, "Red and Expert: The Revolution in Education at Shanghai Teachers' University, 1975-76," (1981) *The China Quarterly* 86, 304-321.

21 Joel Andreas, "Institutionalized Rebellion: Governing Tsinghua University during the late Years of the Chinese Cultural Revolution," (2006) *The China Journal* 55, 1-28.

有效促進了國家維護大學生群體的總體政治穩定。[22] 大衛·瑪爾（David Marr）和駱思典（Stanley Rosen）則對上世紀九十年代中國與越南的青年政策進行了比較研究。他們的研究展示了中越兩個政府是如何運用精巧的組織架構，以及透過有系統、有選擇地向青年人分配資源，以「促使青年人站在政權一邊」[23]。

　　儘管這些西方學者的研究為我們提供了新鮮的視角，但他們的研究要麼只著重特殊的歷史階段（比如文化大革命最為明顯），要麼只強調國家對大學校園管控中的某一方面，在理論和實證上均存在一定局限。迄今為止，對於中國黨和政府對大學生群體和大學校園的管理體制，及該機制的運行實踐，均未有總體性的實證研究。本章正是旨在為這一系列尚未解決的問題提供初步的答案，例如：與過去大規模群眾運動年代相比，二十一世紀中國大學校園內逐步常態化的權力架構和管控機制有哪些延續和改變？國家如何管理和教育大學生群體並保持大學生群體的政治態度與國家政權的一致性？在市場經濟轉型過程中，校園外各類社會矛盾不斷激化凸顯，國家如何將大學生群體與這些社會矛盾

22　Ruth Hayhoe, "Moral-political Education and Modernization," in Ruth Hayhoe (ed.), *Education and Modernization: The Chinese Experience* (Oxford: Pergamon Press, 1992), pp.211-238; Ruth Hayhoe, "Political Texts in Chinese Universities before and after Tiananmen," (1993) *Pacific Affair* 66(1), 21-43.

23　David Marr and Stanley Rosen, "Chinese and Vietnamese Youth in the 1990s," (1998) *The China Journal* 40, 145-172.

隔離開來，從而保障大學校園的安寧有序？

組織基礎

中華人民共和國於 1949 年建立後，在新政權百廢待興之時，建立及維持對大學校園的有效管控被視為黨對中國城市「上層建築」重要組成部分的接管，具有標誌性意義。隨著五十年代初期在人民政權主導下新中國高等教育版圖的大型重組，中國共產黨在大學校園裡公開設置各級黨團組織，國家的政治影響力延伸至每間教室。新中國政權對於大學校園和大學生群體的影響建基於三項主要工作，即：建立中國共產黨在大學校園的領導地位、學術權威和政治權威並重，以及開展適應社會主義建設需要的課程改革。經過改革的新的高等教育內容則強調高度一致的意識形態、重視技術實用型知識，並對高等教育的發展與國家中長期工農業發展計劃之間作出協調。[24] 在隨即到來的文化大革命期間，中國的大學校園完全被無休止的群眾革命運動所吞噬，正常

---

24 在 Andrew Walder 的著作 *Fractured Rebellion* (Cambridge, MA: Harvard University Press, 2009) 第 1-27 頁中有著對於中華人民共和國早期大學學生組織架構的有趣記載。相關論述還見於：Theodore Hsi-En Chen, "Education and Propaganda in Communist China," (1951) *Annals of the American Academy of Political and Social Science* 277, 135-145; Immanuel C.Y. Hsu, "The Reorganization of Higher Education in Communist China 1949-61," (1964) *The China Quarterly* 19, 128-160; Ronald F. Price, *Education in Communist China* (London: Routledge, 1970).

的教學、科研秩序蕩然無存。但大學生群體與國家當時的政治意識形態卻通過這些群眾運動實現了高度共融。可以說，青年學生群體成為了文化大革命早期階段的主要動員力量。

在改革開放時代，國家否定過往通過大規模群眾運動進行政治動員、開展「無產階級專政條件下繼續革命」的做法，努力恢復各行各業的正常秩序，自然也包括重建大學校園裡正常、穩定和安全的政治及教育秩序。改革開放後逐漸恢復常態的大學生管理系統包括三重科層結構，即校園內共產黨系統、共青團系統以及學生工作系統。[25] 這三套同時並行又互相交融合作的科層體系不僅有助於國家由上而下地監察大學校園和大學生群體，也有利於政治上合格可靠的學生積極分子以及學生組織幹部得以由下而上地參加校園政治生活和日常管理。有別於大學校園裡頗具散漫性的學術權威（由校長、院長到各級學術委員會和教授組成），由三重科層體系組成的學生管理體制則顯得高度集中，指揮快捷靈敏，令行禁止，並直接向校黨委書記負責。而且，在學生管理體制中，雖然從學生積極分子中甄選的學生幹部也會協助一些工作，但主要的領導、決策和指揮崗位均由黨團幹部恆常擔任；因此，每個高等院校內部的學生管理架構又得以超越大學範

---

25 在 1989 年之後，大部分中國大學的黨委都成立了與原有的組織部、宣傳部和統戰部同級的學工部。在方慧建的著作《清華工作五十年》(清華大學出版社 2003 年版) 中可見關於清華大學學工部建立過程的有趣記載。

圍，成為由當地黨委或是省級高教工委主導的、範圍更大的青年學生管控架構的一部分。圖 5-1 展示了在一所典型的省立大學中學生管理體制的組織架構。

中國大學校園內負責學生管理的科層體制，注重國家如何通過制度化途徑有效進入最基層的學生群體。因此，在這個架構中最重要和最基礎的支柱就是在文革後重新恢復起來、在二十一世紀初期進一步規範化的政治輔導員 / 班主任制度。2006 年 7 月 23 日，中華人民共和國教育部以第 24 號部長令頒佈《普通高等學校輔導員隊伍建設規定》，明確要求所有大專院校的班級都必須設置政治輔導員。這份文件規定：

輔導員是高等學校教師隊伍和管理隊伍的重要組成部分，具有教師和幹部的雙重身分。輔導員是開展大學生思想政治教育的骨幹力量，是高校學生日常思想政治教育和管理工作的組織者、實施者和指導者。輔導員應當努力成為學生的人生導師和健康成長的知心朋友。[26]

該文件第六條明確規定：

高等學校總體上要按師生比不低於 1：200 的比例設置本、

---

26 教育部：《普通高等學校輔導員隊伍建設規定》，2006 年。

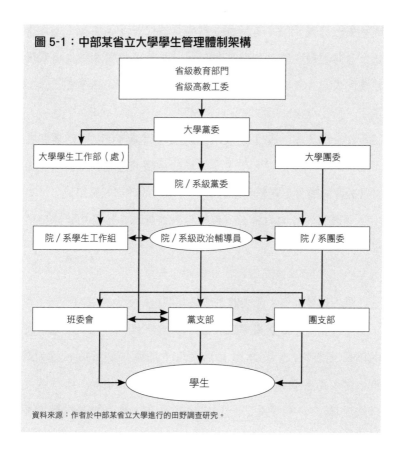

圖 5-1：中部某省立大學學生管理體制架構

省級教育部門
省級高教工委

大學黨委

大學學生工作部（處）

大學團委

院／系級黨委

院／系學生工作組

院／系級政治輔導員

院／系團委

班委會

黨支部

團支部

學生

資料來源：作者於中部某省立大學進行的田野調查研究。

專科生一線專職輔導員崗位。輔導員的配備應專職為主、專兼結合，每個院（系）的每個年級應當設專職輔導員。每個班級都要配備一名兼職班主任。[27]

在一些大學，學生管理系統規定政治輔導員要固定居住在學生宿舍樓，保持跟大學生全天候的接觸。透過保持與學生的日常教育、監督、聯繫和管理，這些基層的幹部教師組成了大學生管理機制的骨幹力量。一位學生工作幹部在接受訪談時這樣描述：

問：輔導員制度是怎樣的？

答：每個學校其實都差不多。這幾年裡，學生出問題的情況比以前更多了，國家層面也對這一塊工作更重視。現在要求大學生不光學習要好，腦子也要「健康」，心理、心態都要好。所以……輔導員工作內容比較實在。雖然物質待遇不算特別高，但也是事業編制；政治待遇是很高的……現在對輔導員還有專家化的培養計劃：比如心理諮詢、網絡建設，等等。以前覺得輔導員只是跟學生聊聊天而已，現在有意識地進行專家化培養，給輔導員提供很多平台，進行各種培訓。

問：輔導員和同學們有哪些交流渠道？

---

27 同上，第六條。

答：有些輔導員是住學生宿舍的，相當於24小時可以見到學生。只要是我們這條戰線上的人（指學生工作部門），學校都要求我們每個禮拜七天、每天二十四小時手機開機，理論上學生隨時可以聯繫到我們。也有通過QQ、MSN、BBS（校園電子佈告板）等平台與學生聯絡，還會通過座談、定期或者不定期的彙報通報等。[28]

教育部規定，大學政治輔導員要承擔以下的工作職責：

（一）幫助高校學生樹立正確的世界觀、人生觀、價值觀，確立在中國共產黨領導下走中國特色社會主義道路、實現中華民族偉大復興的共同理想和堅定信念。積極引導學生不斷追求更高的目標，使他們中的先進分子樹立共產主義的遠大理想，確立馬克思主義的堅定信念；

（二）幫助高校學生養成良好的道德品質，經常性地開展談心活動，引導學生養成良好的心理品質和自尊、自愛、自律、自強的優良品格，增強學生克服困難、經受考驗、承受挫折的能力，有針對性地幫助學生處理好學習成才、擇業交友、健康生活等方面的具體問題，提高思想認識和精神境界；

（三）瞭解和掌握高校學生思想政治狀況，針對學生關心的

---

28 對某國立重點大學學生工作幹部的訪談，2011年6月。

熱點、焦點問題，及時進行教育和引導，化解矛盾衝突，參與處理有關突發事件，維護好校園安全和穩定；

（四）落實好對經濟困難學生資助的有關工作，組織好高校學生勤工助學，積極幫助經濟困難學生完成學業；

（五）積極開展就業指導和服務工作，為學生提供高效優質的就業指導和信息服務，幫助學生樹立正確的就業觀念；

（六）以班級為基礎，以學生為主體，發揮學生班集體在大學生思想政治教育中的組織力量；

（七）組織、協調班主任、思想政治理論課教師和組織員等工作骨幹共同做好經常性的思想政治工作，在學生中間開展形式多樣的教育活動；

（八）指導學生黨支部和班委會建設，做好學生骨幹培養工作，激發學生的積極性、主動性。**29**

除輔導員制度之外，中國大學校園在組織結構上的另一個特點是大學生現今仍會被編成一個類似部隊般的逐級架構，單個學生被編入一個由最基層的班級、年級、專業、學院，一直延伸至大學層面整個學生群體的統一組織體系。由每個班、專業、學院中的所有學生黨員所組成的學生黨支部，則是學生生活中權力最大的自我管理機構。代表著執政黨權威的學生黨支部，處於學

---

29 教育部：《普通高等學校輔導員隊伍建設規定》，第五條。

生生活的中心位置；在上級黨委／總支部領導下，學生黨支部負責在大學生群體中發展中國共產黨的組織及吸收新黨員、對普通學生的表現進行政治鑒定、組織重要學生活動、為各級學生幹部的候選人推薦人選、負責審讀和跟進入黨積極分子的書面或口頭「思想彙報」，並且就涉及本單位學生群體利益的事項（如評先、評獎等）進行決策。在改革開放時期的學生管控機制，是教育、監督、引導和自我管理四位一體的體系，成為新時期國家對多元化社會進行治理的龐大機器中的重要組成部分。**30**

校園管控

從毛澤東時代繼承下來的集中統一的組織架構是整個學生管理系統的基礎部分；在新的形勢下，國家如何策略性地通過校園組織架構開展針對大學生群體的工作則是更為複雜的問題。在毛澤東時代，國家崇尚以大規模群眾運動的模式——即動員和鼓勵受教育的年輕人參加甚至在某一階段主導由國家發動的政治性群眾運動——來實現學生和政權在意識形態和政治取態方面的一致和共融。隨著文革的終結和黨在二十世紀七十年代末重新確立「實事求是」的思想路線，改革開放時期的大學校園管控機制變得更為「去運動」化、科層化以及務實化。融入到校園日常學習

---

30 Andrew Walder, *Fractured Rebellion*.

生活中的精細化管理及干預在一定程度上取代了過往以意識形態灌輸和政治動員為主導的管控模式,「寓管理於服務中」成為大學黨政系統行使管理職能的主要哲學。與此同時,普通的黨政幹部或教師取代了毛澤東時代政治運動積極分子和進入校園的「支左」軍人幹部,成為學生管理隊伍的主要力量;他們以不同手段和渠道實現對大學生群體的管控,確保大學校園正常的政治和生活秩序。

意識形態教育及政治管理

在改革開放時代,隨著社會上由大規模群眾運動而來的高漲政治熱忱逐漸退散,中國共產黨最傳統的意識形態教育方式 —— 思想政治教育課程,重新作為國家對高等教育的重要要求進入校園,成為中國高等教育版圖的重要組成部分。在 1989 年天安門政治風波後,黨對八十年代的思想教育工作進行了反思;中央領導集體認為對馬克思主義、毛澤東思想、中國特色社會主義理論,及黨的路線、方針、政策和革命歷史方面教育和訓練的嚴重薄弱是導致大學生思想混亂、最終釀成政治動亂的主要成因之一。[31]1991 年 3 月,時任中共中央總書記江澤民致信教育部,要求加強關於中國革命歷史的教育,並將之編入由小學到

---

31 李鐵映:《高等教育必須堅持社會主義方向》,載國家教委政策法規司編:《十一屆三中全會以來重要教育文獻選編》,北京:教育科學出版社1992年版,第388-395頁。

大學的整個教育課程中。[32] 自此，中國政府就致力於在國家高等教育中重建完整的意識形態教育課程體系。自上世紀九十年代後期起，教育部規定，中國修讀人文、社會科學的大學生在學習期間須完成 315 個學時的思想政治教育課程；修讀理科和工科的大學生則須完成 210 個學時的思想政治教育課程。[33]1998 年，中共中央組織部和國務院教育部聯合頒佈了一項文件，要求二十一世紀的所有高等院校思想政治教育課程必須「以鄧小平理論為中心內容，比較系統地進行馬克思主義基本原理和愛國主義、集體主義、社會主義的教育」[34]。因而，在全國範圍內，一個包括思想政治教育和道德修養課程的「兩課」系統在各高等院校迅速建立起來，並訓練和配備了相應的師資力量。[35] 這一特別的政治教育課程體系包括了必修的馬克思主義基本原理、中國革命史、思想品德和法律基礎，以及中國共產黨在不同時期的主要執政理論。

---

32 江澤民：《致李鐵映、何東昌的信》，同上，第 479-480 頁。

33 廈門大學檔案館校史研究室：《廈門大學校史》第二卷，廈門大學出版社 2006 年版。

34 龔海泉、張晉峰、張耀燦：《二十世紀的中國高等教育》，北京：高等教育出版社 2003 年版，第 397 頁。

35 舉例而言，以某省立綜合性大學為例，「兩課」包含一系列政治教育課程，包括：（1）馬克思主義基本原理概論；（2）毛澤東思想和中國特色社會主義理論體系概論；（3）中國近現代史綱要；（4）思想道德修養和法律基礎。這些必修課程分散在連續四個學期中，學生需要在這些課程中達到及格成績才能畢業。課程內容包括馬克思主義基本原理教育，中國共產黨的路線、方針、政策教育，中國革命史教育，愛國主義教育以及法律基礎知識教育等。不同高等院校為開設「兩課」專門設置了公共課教學部或者由馬克思主義學院來承擔相關教學任務。「兩課」的教學形式通常以每週課堂授課、討論班、講座及實地考察活動的形式展開，內容較為豐富多樣。

在以正式必修課形式進行的意識形態教育之外，高等院校也定期開展結合時事政治、內容形式豐富多樣的思想教育活動。在筆者調查的某省立大學，這些融入大學生日常生活的思想政治教育活動形式不拘，包括（但不限於）班會、團員會議、讀書會、時事研討會、知識競賽、文藝活動以及黨員會等不同形式。而且，每所高等院校均設有學生黨校，這些黨校是對學生中的優秀和積極分子進行常規思想政治教育和黨性養成的中心。中央層面也會定期在全國或全黨範圍內開展不同主題的政治教育活動——如「保持共產黨員的先進性」、「紀念中國共產黨建黨九十週年」、「紀念抗日戰爭勝利七十週年」、「兩學一做」（註：指「學黨章黨規、學系列講話，做合格黨員」）等學習教育活動。這類活動在大學校園裡的相應展開也成為對大學生群體特別是學生黨員群體進行思想政治教育工作的組成部分。

當校園之外有突發政治事件時，學校也會組織臨時和有針對性的政治學習，一則為了穩定學生情緒，二則在危機期間以此限制學生的行動力。例如，2011 年春季，當有海外網站呼籲中國青年發動一場「茉莉花革命」的時候，筆者所調查的某省立大學就緊急召集學生按班級為單位進行特別政治學習，以令學生不受境外、國外敵對勢力影響。[36] 有時加強版的思想政治工作也會

36 對大學學生的訪談，2011 年 10 月。在關成華的《北京大學校園文化》（北京大學出版社 2004 年版）一書中也有相關論述。

以愛國主義儀式等方式進行，如升旗儀式、宣誓儀式、紀念活動等等。

這些不同形式的思想政治教育，在新的經濟和社會轉型大背景下對於國家來說具有必要性。思想政治教育所需要應對的，首先就是年輕一代大學生在市場經濟體制下和對外開放條件下西方思潮衝擊所引致的對原有社會主義政治和道德原則的疏離。譬如，一項在 2003 年進行的大學生問卷調查顯示，76% 的受訪大學生表示基本或是完全不同意「集體主義原則」。相應地，加強對集體主義、「集中力量辦大事」等社會主義原則的教育和灌輸，鞏固國家正統意識形態對於大學生群體的影響，在市場經濟環境下顯得極為重要。[37]

在有關敘利亞政治的研究中，麗莎·威登（Lisa Weeden）研究了「在信仰或是情感承諾缺位之時，修辭和象徵對產生政治權力的作用」。威登認為儀式和意識形態的公開展示，構成了「一種基於順從的支配策略」。[38] 威登將此類支配標籤為「規訓性－象徵性權力」。[39] 說到底，正如齊澤克所言，「真正的服從只有一種 …… 就是『外部』的服從：由堅定信仰產生的服從已經不是真正的服從，因為它早已透過我們的主體性作為中介」[40]。

---

37 萬斌、張應杭：《高校政治思想教育新論》，北京：社會科學文獻出版社 2005 年版。

38 Lisa Wedeen, *Ambiguities of Domination* (Chicago: University of Chicago Press, 1999), p.5.

39 同上，第 145-152 頁。

40 Slavoj Žižek , *The Sublime Object of Ideology* (London: Verso, 2008), p.35.

思想政治教育的另一個重要目的是要糾正和改變全球化環境下青年群體的「政治冷感」和市場經濟條件下大學生對國家主流意識形態的疏離。青年群體對主流政治秩序和意識形態的疏離和冷感，是全球化環境下的大趨勢。但若任由大學校園內的犬儒主義和政治冷漠瀰漫，亦有機會疏離大學生群體和政治國家之間的關係，並有可能令青年知識階層中發展出以沉默作對抗的另類反體制力量。一如既往，如果吸取東歐和蘇聯政權傾覆的教訓，則不難發現世上存在一種所謂「去政治化的政治」——非政治化和政治冷漠本身也是政治。

　　為了突破政治冷感所造成的障礙，中國不少高等院校的學生管理系統嘗試採取其他更具主動性、親和力的方式去接觸和教育青年大學生群體，而針對校園內問題學生的專題輔導就是其中方式之一。例如，自 2010 年起，北京大學開始試行學生學業會商制度。校方文件規定，這項新的學業會商制度的工作對象以本院系學業困難學生為主，兼顧其他「重點學生」，包括：學業困難、思想偏激、心理脆弱、經濟貧困、學籍異動、生活獨立、網絡成癮、就業困難、罹患重大疾病、受到違紀處分等十類學生。大學明確要求：

　　在認真做好「重點學生」排查工作的基礎上，以會商為形式，組織多方力量，對會商對象的學業情況進行深入分析和科學判斷，制定並實施切實有效的幫扶計劃，深入開展一對一的

深度輔導工作，幫助「重點學生」順利完成學業任務，實現全面發展與健康成長的育人目標。幹部需要定期和這些學生進行一對一的會商。[41]

對於學業會商制度的工作方式和原則，北京大學則要求，該項工作必須：

體現學校全員育人的基本要求……堅持以人為本，尊重學生的個體差異，因材施教，量身定製幫扶方案；要把教育管理與關心愛護結合起來，把解決思想問題同解決實際問題結合起來，把重點解決學業困難與解決其他困難結合起來。[42]

此外，在一項全國性的工作中，共青團中央要求高等院校團組織和政治工作幹部要在「思想關節點」上給予大學生充分的「引導」。所謂思想關節點，就是指有可能引發對於黨的路線、方針和政策產生疑慮和模糊認識的重要理論和現實問題。一位從事學生政治工作的幹部在訪談中舉例說，如何把大學生樸素的愛國之情昇華為對於黨和社會主義制度的熱愛就是需要引導的一個

---

41 北京大學學生工作部、教務部、醫學部教育處：《關於在醫學部、元培學院試點學生學業會商工作的通知》，2010 年 11 月。

42 同上。

重要思想關節點。[43]

　　過去十餘年，心理衛生監測也發展成為大學校園進行學生管理工作的有效工具。心理衛生監測可以通過大學生日常生活觀察瞭解學生思想和行為，並且及時識別異常情況以進行干預。中國高等院校在日常學生管理工作中所定義的心理衛生監測範圍比西方國家更廣泛；大學心理干預機構需要監測和干預的心理疾患不僅包括臨床醫學所定義的精神問題，也包括一些行為反常、破壞秩序，或是持極為激進社會政治觀點的情況。[44] 現在，在絕大多數中國高等院校，大學新生自入校當日就參加心理監測。在不少院校，所有一年級新生在註冊報到期間，都需要完成一份心理健康普查問卷；普查問卷的結果將由學生工作系統的幹部進行仔細研究和研判。若有學生出現異常徵兆，將會從入學第一天起受到學校學生工作部門的關注和一些照顧。[45] 另外，最近十年，不少高等院校在每個班級都設立有一個稱作「心理健康委員」的學生幹部崗位。根據一位訪談者表示，心理健康委員需要在日常學習生活中注意發現同學中存在的「異常心理狀況」，並與學校心理健康干預機構聯繫處理，確保不因為心理健康問題誘發重大突發事件。

---

43 對大學黨政幹部的訪談，2011 年 10 月。
44 對大學黨政幹部及政治輔導員的訪談，2011 年 10 月。
45 對政治輔導員的訪談，2011 年 10 月。

學生社團管理

學生社團組織是大學校園生活圖景中充滿活力的組成部分，但亦是過去不同時期學生運動的重要動員力量的來源。在文革結束後，大學校園裡蓬勃發展、多姿多彩的學生社團活動是改革開放時期中國高等院校日常生活的一個顯著特點。對於大學學生工作系統而言，教育好、管理好、協調好這些不同主題、不同門類、不同組織形式和活動方式的學生社團組織成為了一項重要的政治任務，直接關係到大學校園政治和生活秩序的穩定。

若在一個西方觀察者眼中，現時中國大學校園中的學生社團大致可分為三個類別：各級共青團組織、各級學生會組織，以及各式各樣的學生社團。受中國共產黨的委託，大學校園裡的共青團組織負責領導各級學生會、管理各學生社團，以及團結領導校內所有團員青年（註：根據團章，加入共青團的年齡限制是 14 至 28 歲）。學生會是擁有官方授權、能夠代表整個學生群體進行自我管理和服務的正式組織，但在日常校園生活中，共青團的領導機構才是在學生群體中最具權力的組織。

共青團受大學黨委委託對校園內所有學生社團的組織和日常活動進行監督管理。大學團委對學生社團的管理過程從學生社團籌組那一刻起便開始。當學生策劃籌建一個新的學生社團時，無論社團的性質如何，共青團通常會要求籌建計劃首先獲得學院一級團委和黨委的批准。之後，校團委會對所有組建學生社團的申請進行審批，必要時團委還會徵求校內外部門的意見；只有當

校團委對組建計劃的各方面均感到滿意時，該社團才能正式獲批准成立，在校園內合法活動。[46] 此外，在大部分高等院校，團委都設立了對全校所有學生社團進行年度審查（考核）的機制，對於組織渙散、長期無實質活動或者在政治敏感領域出現出格動作的社團會被拒絕登記續期。比較高的組建門檻和年度審查考核機制有效地排除了任何不受歡迎的學生社團在大學校園內公開開展活動的可能性。

共青團對於學生社團賴以開展活動的各項校園資源（例如教室會議室分配、通告欄使用權以及經費支援等）擁有壟斷權。當已通過註冊的合法學生社團申請使用這些校園資源舉辦活動時，共青團仍需對每份活動申請就其內容、形式以及可能出席的人士進行逐案審查，再決定是否批准以及撥給相應資源。共青團在評估活動申請時所採用的標準並無一定之章，在不同時期往往會由於個案不同和總體政治氣氛差異而出現變化。此外，共青團在審批學生社團活動時還有許多習慣性規則需要遵從。比如在 2002 年某中部省份的團省委曾發佈一份文件，明確要求禁止組織和舉辦任何跨校學生社團活動。[47]

---

46 對大學學生組織領袖的訪談，2013 年 6 月。
47 對大學學生幹部的訪談，2011 年 10 月。

職業前途

當代中國大學學生群體的一個顯著結構特徵，是綜合型大學理工科學生和人文社科學生之間的比例不平衡，以及高等職業教育學生群體的興旺。2010 年，在全國 2,358 所大專院校中有 1,113 所（即 47% 的大專院校）是專門進行高等職業教育的院校。[48] 同年，中國有 5,774,245 名大學畢業生；其中 4,095,814（71%）的學生是以自然科學、工程學、農業、藥學或是管理科學作為專業。[49] 當代大學生面臨的另一個重要情況就是毛澤東時代由國家主導、向大學畢業生「分配工作」的機制遭到廢除；當下，即使是中國最菁英的兩所大學（北京大學和清華大學）畢業生也不得不走入競爭激烈的市場去找到屬於自己的一份工作。

考慮到以實用為本的學科的蓬勃發展和來自殘酷就業市場的巨大壓力，傳統上作為知識象牙塔的中國高等院校漸漸向生機勃勃的社會主義市場經濟讓步，因而逐步帶來了中國高等教育的迅速商業化。在二十一世紀初期，大學不再是培養當下和未來針砭時弊、引領思想的知識分子的養成所，而是逐漸變成國家經濟騰飛所需的人力資源的提供者。此外，1999 年，國家決定大幅提升全國大專院校錄取率（俗稱「擴招」），從而進一步淡化了大學生作為「天之驕子」的觀念，也令他們和過往大學生作為知

---

48 謝煥忠編纂：《中國教育統計年鑒》，第 21 頁。

49 同上，第 34 頁。

識菁英需要背負改進國家政治重任的傳統疏離。**50** 隨著中國高等教育的定位由民國以來的菁英教育變為大眾教育，當代的中國大學生不再是高高在上、脫離人間煙火的精神貴族；他們也需要在市場經濟大潮和嚴峻的就業競爭形勢的衝擊下，忍受著不安、自我懷疑以及對於自身職業未來的巨大焦慮。**51** 交織而來的壓力迫使中國大學生必須將自己抽離出充滿批評精神的中國知識界，轉而投向更為政治冷感及願意順從大勢的專業階層。這種大學生自身身分定位上的深刻變化 —— 由「準知識菁英」到「準專業人士」，對於國家總體政治和社會秩序穩定具有深遠影響。

獎懲機制

無論何種形式的政體，在建立和維持政治管控中的一個關鍵要素，就是要通過精準的資源分配，對服從者給予獎勵，對於不服從者施以懲罰。在改革開放時期，隨著傳統的資源控制（例如國家分配工作等）在全面市場化背景下逐漸淡化，入黨成為學

---

50 在 Limin Bai, "Graduate Unemployment: Dilemmas and Challenges in China's Move to Mass Higher Education," (2006) *The China Quarterly* 185, 128-144 中可見關於 1999 年中國決定大量增加大學招募名額及其相應影響的論述。

51 在二戰之後，東歐諸國也發生了類似的狀況。模仿自蘇聯模型，這些國家高等教育機構的專業化和擴張導致了大學學生的同一性、焦慮感和壓力普遍增加。相關論述可見於 Guy Neave, "Patterns," in Walter Ruegg and Hilda de Ridder Simoens (eds.), *A History of the University in Europe, 1945-1990* (Volume IV) (New York and London: Cambridge University Press, 2011), pp.35-46.

生管理系統給予政治合格的優秀學生的重要政治獎勵。經歷一個精挑細選、菁英主義的甄別過程後，一小部分大學生能在學習期間被接受加入中國共產黨。[52] 根據中共中央組織部的披露，在 2010 年，全國在校大學生中有 11% 的學生是黨員。[53] 學生黨員作為中國執政黨成員，其身分會在大學生活乃至職業發展上為其帶來一般學生無法得到的優勢。黨員身分帶來的更多、更好的職業選擇，對眾多希望在畢業後擁有良好生活前景和質素的大學生構成強大吸引力。當下，絕大部分（若非所有）黨政機構在向大學招錄幹部時，不是硬性規定申請人必須有黨員身分，就是會優先考慮具黨員身分的學生。[54] 此外，根據受訪者的觀察，學生黨員在競爭待遇優厚的國有企業職位時，也往往較普通學生更有優勢。在失業率居高不下和大學大幅度擴張招生規模的條件下，大學畢業生就業市場競爭異常激烈，獲得「就職機會」就成為了大學生在政治上積極求進步的重要動機。[55]

在大學免試推薦研究生（保送）制度下，大學也可以對政治上進步和貢獻多的學生予以適當傾斜。在保送制度下，一些經大學審核及挑選的學生，在獲教育部批准之後，能夠直接進入研究生院就讀，而不必參加競爭極為激烈的全國研究生招生統一

---

52 對大學學生及學生幹部的訪談，2012 年 10 月。

53 楊晨光：〈全國在校大學生黨員二百五十一萬〉，《中國教育報》2011 年 7 月 1 日。

54 對大學學生及學生幹部的訪談，2012 年 10 月。

55 劉允正、郝春新、何新生：《裂變與整合》，北京：光明日報出版社 2009 年版。

考試。儘管不同的大學會自行設立挑選這類幸運兒的程序，但絕大多數高等院校都會對候選人在本科期間的現實政治表現給予相當的考慮。校園內政治上最為積極進步的那一部分學生——如學生會幹部、共青團幹部以及主要學生社團積極分子等，在分配名額時往往被優先考慮，或者另行獲得額外的保送名額。[56] 相應地，作為懲罰，在政治行為方面有重大出格行為的學生則可能會被「取消保研資格」。

相比於毛澤東時代國家向所有大學畢業生分配工作的制度，社會主義市場經濟的轉型以及不斷壯大的私營經濟似乎削弱了大學黨委對學生職業前景的控制程度。雖然如此，今天，中國高等院校的學生管理部門在向用人單位（特別是黨政軍機關）推薦他們屬意的候選人時，依舊擁有相當大的影響力。此外，一些機會——例如直接選拔進入地方黨政機關擔任「選調生」等，僅透過大學的黨團組織和學生工作部門來進行遴選：這些機會也因此成為向政治上積極進步的學生提供獎勵的另一個渠道。

敏感期

維護大學校園政治和生活秩序的穩定，雖說主要依靠平時常態化的管理工作，但對各高等院校的學生管理部門來說，仍有一項至關重要的任務不可忽視——那就是在每年特定的「敏感

---

56 對前大學學生幹部的訪談，2013 年 6 月。

期」加強對校園的管控，防止出現突發事件。敏感期主要由政府根據不同原因而指定。有些敏感期是常規的（例如六四事件週年前的數週，以及每年全國人大和全國政協全體會議召開前後），有些是不定期但是可預測的（通常是在重大社會或政治事件之前，如北京奧運會之前），而有些則是突發或是難以預測的（例如非典型性肺炎傳播期，或是海外網站號召中國國內進行反政府活動等）。[57] 與研究社會運動的學者一樣，政府也意識到「觸發事件」（triggering event）在引發大規模集體行動中所扮演的重要角色。[58] 故此，在政治敏感期額外加強控制力度的主要目的，就是為了防止境內外敵對勢力抓住某些「觸發事件」所提供的機會並賦予這些事件「象徵性的政治內涵」，從而煽動起學生集體行動。[59]

無論是常規的還是經臨時指定的敏感期，高等院校學生管理部門在此期間對各項管理制度的執行會變得更加嚴格，檢查督促也更加頻密。學生工作部門和保衛部門也會採取額外的措施確保校園秩序穩定。在敏感期，大學管理部門與國家執法部門之間也需進行有效、深入而實時的合作，以及時識別可能發生的學生

57 對大學黨政幹部及學生幹部的訪談，2013 年 6 月。

58 在 Wight E. Bakke and Mary S. Bakke, *Campus Challenge* (Hamden, CT: Archon Books, 1971) 中有「觸發事件」的相關論述。

59 Hank Johnston, *States and Social Movements* (Cambridge: Polity Press, 2011), 122.

動亂及預防大規模集體行動發生。**60** 一位重點大學學院黨委副書記在接受訪談時說：

問：當有政治上的突發事件時，學校如何和政府有關部門聯動處理情況？

答：（當突發事件出現），有關執法部門派人過來，學校召集學院的書記們開會，強調社會穩定的重要性，要求學生不要參與。接著學院通知到班主任和班長……如果單獨有學生參與了這個事情，那就單獨去溝通。一般學校開完會，我們就通過短信平台把通知發出去了。我們（學院黨委）作為「二傳手」，很快的。有些重點問題，可能開會的當時，我就給班主任打電話，就處理掉了。我們更多是利用網絡平台，或者電話（因為有些敏感詞還會在短信平台上發不出去），通過這些平台通知到輔導員、班長，一級一級壓下去，半小時內搞定。突發事件原則上要求是半小時有負責人到現場，最多不超過一個小時。**61**

全天候關注學生群體動向以及對學生活動進行適當限制是敏感期學生管控措施的重要部分。學生幹部會議和班會、團會等

---

60 對大學學生幹部的訪談，2011 年 6 月。

61 對某國立重點大學學生工作幹部的訪談，2011 年 6 月。然而，值得一提的是，一些學生傾向於將大學對於政治敏感事件的快速回應看作是「反應過度」。在某種意義上，大學所採取的預防措施也促進了反抗運動信息的傳播。

將會更頻繁地召開。學校的管理幹部也會單獨接觸學生群體中的目標對象。例如在 2009 年 7 月烏魯木齊暴亂事件發生時，筆者所深入訪談的某省立大學學生管理幹部被要求對每個來自新疆的學生進行訪談，以瞭解他們的思想動態、及時發現情緒波動。學生幹部也收到指示要更加密切關注這些學生的思想和行動。[62] 在敏感期，學生會和共青團通常會組織額外的娛樂或是課外活動，以分散學生對政治事件可能的注意力。與此同時，由其他學生社團發起的大型學生活動則需要受到適當限制。[63]

在敏感期期間，學生信息員制度也在各高等院校被廣泛運用。一位國立大學的學生工作幹部在受訪時說：

（學生信息員）要向班主任或輔導員報告（反常狀況）。這些都是立體層級，班主任、輔導員，甚至黨委書記也可能直接面對個體的學生。信息員就是甚麼都得打聽到，但更多是針對學習有困難的學生，比如他們有沒有去上課，是不是需要人幫助。或者經濟上有困難的同學，有人每天一個窩窩頭，但是不說出來。或者是心理上有困難，很明顯的歇斯底里，從來不跟別人交流。這些異常情況，信息員有義務發現。當然其他班委

---

62 對大學學生幹部的訪談，2011 年 10 月。
63 對大學學生幹部的訪談，2011 年 6 月。

也有這個職能，但信息員是專職的。[64]

　　另外，高等院校通常會在敏感期加強對校園電腦網絡的管理和控制，以及加強對校園網上各種言論的實時關注。[65] 對學生工作幹部和團委幹部而言，監督和管理校園電腦網絡上進行的公共討論，本來就是他們日常工作的一部分。然而，校方在敏感期執行相關管控措施時會更為嚴格審慎。在敏感期，大學相關部門管理人員（有時是一間特別主管校園網的辦公室）對於線上發帖及聊天室的內容均會進行 24 小時的監管。如果部分網上言論顯得過於激進或具煽動性時，會要求學生評論員撰寫相應回帖，反駁過激言論。在官方論述中，這項工作被稱為「輿論引導」。[66] 此外，針對政治謠言、激進評論以及煽動性訊息，相關主管部門會

---

64 對大學黨政幹部的訪談，2011 年 10 月。

65 對大學學生幹部的訪談，2011 年 10 月。

66 對大學學生幹部的訪談，2011 年 10 月。根據徐濤的總結，這項工作主要包括六個方面的內容：一是規範大學生的網絡行為，建立更加完善的規章制度；二是對國外的焦點問題及時審查，對上級主管部門禁止的內容要儘快清理；三是在敏感時期要加強對電子郵件的過濾，以抵禦境外敵對勢力的信息攻擊，防止反動電子刊物對學生的影響，維護校園的政治穩定；四是對在網上散佈不良言論和發表反動文章的大學生要予以及時處理，對查實有問題的學生要進行重點的個別教育；五是學生工作人員要經常從網絡中收集信息、分析信息，控制信息源頭，對學生中出現的思想問題及時地進行個別教育；六是加強網絡管理，加大網絡道德宣傳和法規宣傳，形成良好的網絡文化環境。參見徐濤：《新時期高校學生工作研究》，成都：西南交通大學出版社 2007 年版，第 228-229 頁。

仔細進行鑒別、刪除，必要時會找發帖者當面溝通。[67]

　　二十一世紀初期，大學在網絡管理方面也從過去簡單的管控、防堵，逐漸轉向更為積極進取的工作辦法。譬如，不少高等院校開始資助獲得官方認可的學生網站或者校園論壇發展壯大，讓它們與由學生私人運營而受管控程度較低的那些「地下」網站競爭，爭取吸引更多的學生用戶。這些受官方支持的學生網站在資金、人力、物力等方面均較學生自行運營的網站享有極大的優勢。特別是在敏感期，非官方的學生網站往往被要求暫時停止運作；換言之，在此期間大學管理層容許官方學生網站實際上壟斷信息流通和網上公共討論空間，以確保反體制的動員沒有渠道進行。[68] 近年，隨著如社交媒體、即時通訊以及微博等第二代互聯網（Web 2.0）服務在中國的興起，學生更傾向使用這些可靠、低廉而且便捷的方式來組織和交流，過往的校園網網站和論壇已經逐漸失去原有的影響力。在中國大學校園裡，大部分的班級、學生社團甚至宿舍樓都以不同形式創建了自己的網絡群組（如微信群等）。校方也開始逐步要求政治輔導員和學生積極分子參加並密切關注這些網絡群組，將學生管理工作和校園思想政治工作延伸到網絡空間。[69]

---

67 對大學官員的訪談，2011 年 10 月和 2013 年 6 月。
68 對現大學學生幹部以及前大學學生幹部的訪談，2011 年 10 月和 2013 年 6 月。
69 對大學黨政幹部、政治輔導員以及學生幹部的訪談，2011 年 10 月和 2013 年 6 月。

結語

長久以來，政治學者都試圖解構國家對社會的管控這隻「黑匣子」。然而，要透徹理解不同政治體系管控社會力量的制度、機制和方法，對國家和大學生群體的關係的考察和釐清就顯得尤其重要。青年和大學生管控是一扇窗戶，透過它，我們可以看到國家和社會關係更宏大的圖景。基諾‧傑爾馬尼（Gino Germani）在研究二十世紀意大利和西班牙的青年及大學生之政治社教化時曾指出，在處理與青年群體的關係時，政權往往都需要面對「參與和控制之間的矛盾」（contradictions of participation and control）[70]。換言之，政權一方面需要「積極動員青年、並令他們具創造性地參與國家事務」，同時又需要對青年群體保持嚴格的教育、約束和管理，以防他們演變成反體制的破壞力量。[71]因此，在不同歷史階段，國家經常透過強調這對矛盾的一個方面而壓制另一方面，以應對特定的國內及國際局勢，從而得以維護政治秩序的安全和穩定。

因此，在毛澤東時代，國家在處理與學生群體關係時採取「參與本位」的路線。經國家動員起來的廣大青年學生一度成為

---

[70] Gino Germani, "Political Socialization of Youth in Fascist Regimes: Italy and Spain," in Samuel P. Huntington and Clement H. Moore (eds.), *Authoritarian Politics in Modern Society* (New York: Basic Books, 1970), p.354.

[71] 同上，第 355 頁。

文化大革命中奮起打碎一切舊思想、舊文化、舊風俗、舊習慣，甚至「踢開黨委鬧革命」的主要社會力量。然而，在改革開放時期，大學生的管理和控制機制則顯得高度技術化、科層化以及實用主義化。國家在借鑒國內外經驗之後，強調避免使用單純壓制的辦法來維持大學生群體對國家基本政治秩序的支持；在二十一世紀，國家更重視依賴日常管理、思想教育、政治儀式、物質獎懲等方式，以爭取大學生和國家政治秩序之間的協同性。而且，透過精巧優化的管理和干預體系，國家得以保持對大學生群體的全天候關注，而校園內嚴密的審查和管控系統也能防止學生受動員成為足以威脅校園、城市或是國家穩定的力量。二十一世紀初期，在經濟騰飛、市場經濟轉軌和現代化轉型三管齊下的新形勢下，中國共產黨的首要任務就是維持國家基本政治秩序的安定和安全。在中國大學校園建立和執行的這一整套制度化控制機制，對於過往數十年中國政治的總體穩定作出了重要貢獻。

第六章

預防性管控與基層社會穩定：

華東某縣的社會面管控工作調查

經濟社會大變動的時代帶來了社會利益格局的劇烈分化和改組，以及國家治理所依賴的資源結構的調整變化。在市場化、現代化和經濟騰飛這三個極為深刻的社會經濟進程同時發生之時，在社會層面，原有的利益矛盾有可能被激化和凸顯，新的利益關係和利益衝突有可能萌發。在這樣經濟社會突飛猛進的時代，要維護國家基本政治秩序的穩定和安全，就必須認真識別、研判和應對社會層面利益關係的調整對政治穩定所帶來的各種衝擊。因此，對於國家的長治久安和政權的穩定安全而言，在二十一世紀初期動盪不安的全球政治、經濟和軍事環境下，如何構建和不斷加強對國內社會面管控，妥善協調多元社會利益與政權之間的互動，已成為包括中國共產黨在內的各國執政黨治國理政的重要工作內容。

「郡縣治、天下安」。本章基於筆者 2012 年在華東地區數縣市（以下統稱「東縣」）所進行的田野調查研究，以詳實的檔案材料和訪談內容，深入檢視和分析二十一世紀初期中國基層黨委、政府進行社會面管控的重要工作機制 —— 縣級社會面管控系統。通過考察東縣這一綜合樣本縣域社會面管控系統的組織結構、工作機制、日常活動以及運作原則，本章揭示基層黨委和政府在經濟社會深刻變化的時代，如何因應新的利益關係和管治格局，積極開展預防式管控，識別、研判和防範社會面的潛在不穩定因素，疏導和化解社會矛盾衝突，防止潛在不穩定因素對國家

基本政治秩序和社會安寧構成實際破壞，從而保證政權在基層一級的總體穩定。

社會面管控

「基礎不牢、地動山搖」。隨著經濟社會的快速轉型，中國基層社會的原有利益格局也不斷面臨著新的分化改組。舊的利益平衡不斷被打破，新的利益衝突和矛盾被催生，黨和政府對社會進行管控的資源結構與計劃經濟時期相比也有了很大改變。因此，在基層社會，以各種手段和形式單獨或者集體表達利益訴求的行為成為中國政治中的常態現象。這是發展中國家在經濟社會高速發展和轉型時期所需要面臨的共同挑戰。如何在社會利益大分化和大改組的時代保證國內社會面安寧和國家基本政治秩序的穩定，直接決定各發展中國家政權的存續能力，也決定了這些國家政權能否成功面對外部世界顛覆勢力的干涉與挑戰。畢竟，「外因是變化的條件，內因是變化的根據，外因通過內因而起作用」[1]。

從歷史上看，各國政權的存續能力一方面取決於政權的吸納能力，即政權的彈性；另一方面，也取決於通過制度化手段對實際和潛在的足以威脅基本政治秩序的風險進行識別、預防、

1　毛澤東：《矛盾論》，載《毛澤東選集》第一卷，第 302 頁。

監控、干預和消除的能力，亦即政權對社會面管控的效度。後一種能力所反映的是政權的剛性。自二十世紀九十年代以來，鑒於全球政治環境的複雜多變和國內利益格局隨著市場化和現代化的發展而不斷調整，作為中國執政黨的中國共產黨更加地強調優化社會面管控和維護基本政治秩序穩定對於建設有中國特色社會主義，以及維繫政權安全和人民生活安寧的極端重要性。中國共產黨中央領導集體始終把處理好改革、發展和穩定三者之間的關係作為在新時期治國理政的重要課題。為了應對隨著社會經濟快速轉型而變得日益錯綜複雜的社會利益矛盾和訴求，中國共產黨也在維護基本政治和社會秩序安定方面加大了資源投入，顯著地加強了用於維護公共安全和加強社會面管控的預算安排。[2] 面對基層社會矛盾的凸顯，以及隨之而來的潛在不安定要素對國家基本政治秩序在基層所構成的挑戰和威脅，充分運用國家剛性、開展社會面的預防式管控以維護國內政治社會穩定，顯然是在複雜多變的環境下保障政權安全以及存續的關鍵環節。

值得注意的是，西方中國研究學者在觀察到中國共產黨對維護政治和社會穩定的高度重視之後，亦相當關注中國黨和政府應對由經濟轉型所帶來的社會及政治挑戰而作出的不同制度性安

2 　財政部：《中國財政年鑒 2002》，北京：中國統計出版社 2002 年版；國家統計局：《中國統計年鑒 2012》，北京：中國統計出版社 2012 年版。

排及採取的策略。[3] 西方學界的相關研究為我們提供了頗值得參考的看法，有助於我們從另一個角度觀察中國地方黨委政府在面對複雜多元的社會利益和集體行動參與者時，如何以有效手段進行臨機處置，力求集體行動不擴大、不升級、不暴力化和不政治化，從而保證地方基本的政治和社會秩序不受根本性破壞。

但是，當前學界對於中國地方政府日常性社會面管控，特別是如何通過預防式管控，提前識別、干預和消弭潛在不穩定因素和破壞力量的研究卻仍付之闕如；而這一領域恰恰是中國政體的特點和優勢之所在。學界尤其是對縣（市）一級的基層社會面管控機制 —— 這一中國特有的基礎性制度安排，尚未有系統性和詳實的檔案及田野調查研究。如前所述，如果相關研究仍主要集中在通過檢視地方黨委、政府如何處理已經爆發出來的各種集體行動來研究地方社會面管控系統，將會忽視掉地方政府所進行的大量的、更重要的先制和預防式管控工作；但正是這些旨在弭患於無形之中的預防性工作，才令得更多對基本社會政治秩序構成破壞的集體事件得以避免最終爆發出來。

---

3 例如，Kevin J. O'Brien and Lianjiang Li, "Suing the Local State: Administrative Litigation in Rural China," (2004) *The China Journal* 51, 75-96; Yongshun Cai, "Local Government and the Suppression of Popular Resistance in China," (2008) *The China Quarterly* 193, 24-41; Feng Chen and Xin Xu, "Active Judicial: Judicial Dismantling of Workers' Collective Action in China," (2012) *The China Journal* 67, 87-107; Chiang Kwan Lee and Yonghong Zhang, "The Power of Instability: Unraveling the Microfoundations of Bargained Authoritarianism in China," (2013) *American Journal of Sociology* 118 (6), 1475-1508.

因此，在二十一世紀初期，中國地方黨委和政府日常的社會面管控，主要還是集中在其為預防潛在不穩定因素發生破壞性影響所採取的一系列預防和先制措施，而非對於集體行動「消防隊式」的臨場壓制。筆者將於本章指出，恰恰是這些日常預防措施才構成了政權加強社會面管控、維護基層政治社會穩定的實踐主幹。本章將就東縣社會面管控系統的制度結構及日常運作進行深入檢視和分析，並探究東縣社會面管控系統如何應對及處理各種可能破壞影響政治和社會秩序穩定的潛在要素。整體而言，本章旨在闡釋中國基層政府的預防式管控的日常運作原則，並且展示預防式管控對於保障社會面穩定和國家長治久安的重要意義。

指揮鏈

「中國不能亂」、「中國不允許亂」；「沒有穩定，甚麼事也幹不成」。[4] 隨著過去二十年中共中央領導層反覆強調政治穩定對於改革開放和現代化建設極端重要的意義，對中國各地的地方政府而言，如何保持基層政治和社會秩序的安定以及如何確保政權對社會的有效管治，成為地方政府施政的主要挑戰之一。東縣也不例外。為了通過日常社會面管控及早識別、發現、干預和消除潛

---

4 鄧小平：《中國不允許亂》，載《鄧小平文選》第三卷，第 286-287 頁；人民日報評論員：〈始終牢記沒有穩定的社會局面就甚麼事也幹不成〉，2005 年 4 月 29 日。

在不穩定因素，東縣構建了一個強大而完整的社會面管控制度體系，並配備高效的指揮鏈。基層社會面管控機制因其在政治上的重要意義以及與政法部門的密切聯繫，其運作由縣委直接領導，由縣政府有關部門密切配合，形成合力。

透過深入檢視可發現，東縣的社會面管控系統是一個具有緊密組織架構、各組成部門之間相互聯繫頻密的制度化系統。位於東縣社會面管控系統指揮鏈頂層的是東縣縣委書記。作為東縣社會面管控工作的第一責任人，縣委書記守土有責，而其也一直被認為是縣域之內在維護政治社會穩定和處理突發事件上具有最終決定權的官員。基於縣（市）主要領導幹部需要對縣域內社會政治穩定情況負責的規定，東縣縣委書記對其作出的任何決策或者部署均需要擔負全部責任。事實上，維護轄區政治社會穩定的成績，是各級黨委政府對其所屬幹部政績表現進行評價時所依據的最重要指標之一。在社會面管控問題上的任何負面紀錄，在理論上都會使一個縣級黨委書記在至少數年之內失去評獎評先以及被提拔重用的機會。

因此，所謂的「一票否決制」是確保通常對經濟發展更感興趣的中國地方官員對於政權安全也能負起責任的強制性安排，迫使地方幹部不得不將大量的財政和人力資源投放於防止社會不穩定因素的工作中去。有鑒於社會面管控的極端重要意義，各級黨委都在每年的年度檢查評比中，仔細審查各項預防式社會面管控措施的落實情況，並通過群體事件發生數、信訪數量等一系

列綜合性指標評價各級下屬黨委書記在社會面管控方面的表現。[5]
顯然，黨內對社會面管控所嚴格執行的問責制度，令地方黨委領導幹部在維護政權安全方面分擔了中央層面的壓力，並使中央領導層對於政權安全和國家基本政治秩序安定的高度重視得以通過問責制傳遞至國家機器的最基層。因此，從過往二十年的實踐來看，雖然社會面管控問責制給地方黨委政府帶來了空前的壓力，但這一制度確保了中國政治體制內各層級之間能夠在政權安全方面形成共識，便於全黨形成共同守衛國家基本政治秩序穩定安全的合力。這是中國政治體制相較於很多發展中國家政權所具有的鮮明特色和優勢。

在縣委書記之外，每個縣委也基本都有指定一名常委，專門負責該縣社會面管控系統的日常管理和監督工作。在東縣，負責分管縣社會面管控工作的是縣委常委、政法委書記。因此，東縣縣委政法委也掛第二塊牌子：「縣維穩辦」。縣維穩辦聯繫的部門範圍比縣委政法委更為廣泛。東縣維穩辦的權力包括「指導、協調並領導執法部門和司法機關」開展相關工作，以預防群體性事件發生，維護當地社會政治穩定。維穩辦成員單位亦因此包括東縣的人民法院、人民檢察院、公安局、司法局、民政局等，縣紀律檢查委員會、宣傳部、信訪局、監察局、人民

5　其他被嚴肅對待、並享有「一票否決權」的事項包括計劃生育、非常嚴重的安全生產事故等。

武裝部以及縣政府的其他一些工作部門也是維穩辦的成員或聯繫單位。[6] 在維穩辦之下，東縣還設立了「社會治安綜合治理辦公室」，承擔日常社會治安和綜合治理工作。以上機構基本組成了縣級的社會面管控系統。鄉鎮一級的社會面管控工作機構設置則與縣級相互對應。

在村一級，每個行政村均設立一個「社會治安綜合治理站」，其成員一般包括村支部成員、包村駐村上級幹部、村級安全主管（如民兵隊長、治保主任等）和村內的所有共產黨員。除此之外，在基層村莊還建立了半官方的社會面管控工作群眾組織，例如治保會、調解會和民兵等，對官方社會面管控機制運作形成補充。整體看來，東縣的社會面管控系統從上到下構成了一個巨型的「環環緊扣、金字塔式的機器」[7]，責任由縣委書記一直延伸至基層黨組織。與東縣其他官僚機制相比，社會面管控體系擁有較高的執行力和強制力，能夠實時對社情作出反應，並具有對不穩定因素進行全天候管控、對緊急情況進行及時應對的充足能力和資源。

根據東縣縣委的統一部署，該縣社會面管控系統的三大主要任務包括維護政治安全、公共安全以及安全生產。政治安全指

6　與某縣縣委負責幹部的座談，2012 年 7 月。據介紹，在其他縣裡，如果政法委書記不是常委成員，縣委會單獨建立一個「維穩工作領導小組」，由一位縣委常委成員領導，作為縣級維穩工作的分管領導。

7　Andrew Walder, *Fractured Rebellion* (Cambridge, MA: Harvard University Press, 2009).

政權的安全，亦即維穩辦必須確保縣域內不發生政治顛覆活動、反政府示威、政治性的集體行動、由未被關注處理的社會怨氣而引致的激進社會運動、邪教活動以及騷亂暴亂等。公共安全則指維護社會基本秩序和加強治安、撲滅犯罪等。在此方面，縣維穩辦特別需要注意防範傷亡數量大的大型暴力事件、死傷人數多或社會影響惡劣的惡性犯罪，以及越級上訪、「纏訪」或「鬧訪」等。安全生產則包括監督建築工地、生產場所安全，防範嚴重意外發生（例如工廠爆炸、可能造成一定人數傷亡的嚴重交通事故、以及煤礦事故等）。在維穩辦的聯繫協調下，經過數十年的運作，東縣的社會面管控體系實際上已經形成了一個跨部門、跨黨政、效率高、指揮統一的系統，具相當高的執行力提前發現、識別和干預對社會政治穩定有可能造成威脅的潛在不穩定因素，以預防式管控維持整體社會政治穩定。

潛在不穩定因素

如欲對中國的社會面管控制度進行系統性研究，我們的首要任務之一是瞭解基層黨委政府在維護社會政治穩定時所面臨的主要威脅——這也是基層黨委政府所需要處理的潛在不穩定因素。東縣的文件檔案中提供了大量反映該縣社會面管控系統日常所需要處理的不穩定因素的資料。根據縣委要求，東縣社會面管控系統有責任處理發生在轄區內的各種「不穩定徵候」，並且需

要組織力量現場處理任何影響社會或政治秩序的突發事件。

對於應對和處置「不穩定徵候」工作而言,時間節點亦非常重要。正如一位維穩辦官員在訪談中所說:

維穩對東縣很重要;因為東縣是個旅遊城市,稍微有些不安定就會對於旅遊業造成巨大影響。況且現在又是個網絡媒體發達的情況,稍有風吹草動就可能演變成突發性群體事件⋯⋯去年(基層村黨支部、村委會)換屆,民警掛靠村莊,全程排查矛盾,換屆之後還幫助建立班子等,起到了重要作用⋯⋯其實換屆期間本是上訪的高峰期,是群眾矛盾主要爆發的關鍵節點⋯⋯另外矛盾容易爆發的時候還有六四、七五(註:2009 年新疆暴力恐怖事件週年紀念日),還有重大活動,比如文化節,還有春節——因為有民工工資問題,這包括在東縣打工的民工和在外地打工的東縣民工——這些都是社會面管控的關鍵時期。[8]

有意思的是,在東縣的田野調查研究顯示,縣級社會面管控系統很少需要直接處理政治性和意識形態程度非常高的事件。除非上級給縣級維穩辦發佈了具體而詳盡的指令(例如預防邪教工作等),這類高度政治性的問題通常由省級黨組織甚或更高

---

8 與某縣維穩辦負責幹部的座談,2012 年 7 月。

層的黨政機關來部署處理。在縣級，對整體社會政治穩定的威脅往往來自於日常社會生活中一些歷史或者現實形成的問題。在東縣，縣社會面管控系統需要處理的日常威脅大致來自四個互有重疊的領域：世仇、經濟利益糾紛、土地爭議以及突發事件。

世仇

由於東縣位處兩省九縣交界處，該縣爆發群體性事件的主要原因之一，是處於毗鄰地界的民眾之間的世仇（feud）。這也成為東縣社會面管控系統在日常工作中所需要調處的主要矛盾之一。在政府文件中，東縣社會面管控系統對於這一問題有以下描述：

葦湖將東縣與周邊地區特別是某省琵縣、銅縣圈連在一起，我縣七個鄉鎮與某省接壤，部分地區「一步跨兩省，兩步跨三縣」。1959 年以來，湖區兩省群眾因搶收湖產、搶種湖田等問題發生大小械鬥 400 餘起，造成數十人死亡、數百人受傷，矛盾甚至尖銳到個別屍體十年無法火化的地步。國家有關部門曾多次派出工作組前往調處，但由於種種原因，這一問題始終沒有從根本上得到解決。[9]

9　某縣縣委、縣政府：《強化「五聯」措施，全力維護某湖邊界地區和諧穩定》，檔案 1-7，2005 年 6 月，第 1 頁。

金市作為東縣這一縣級單位的上級土管部門，曾在一份文件中透露東縣居民與毗鄰縣市的邊界糾紛「可上溯至清代咸豐年間，至今已有 150 多年的歷史」；「近 50 年來，該地區共發生因邊界糾紛引發的大規模械鬥 400 餘起，死亡 31 人，傷 800 餘人」。[10] 此外，「死者家屬多次圍堵東縣縣委、縣政府，衝擊 …… 鎮政府和當地派出所，甚至襲擊中央調查組的同志，嚴重影響了當地經濟發展和社會穩定，牽扯了中央及兩省領導同志大量精力」[11]。

經濟利益糾紛

　　隨著經濟體制向社會主義市場經濟的迅速轉型，經濟利益糾紛也開始逐漸成為基層社會不穩定的主要誘因之一。如果說上述的世仇因素或多或少帶有一些東縣地方的特殊性，那麼調處由經濟利益矛盾所引致的居民之間、宗族之間、居民與集體經濟組織、居民與外部經濟體，甚至居民與國家之間的糾紛和衝突則是基層社會面管控系統在市場經濟條件下所需要處理的慣常工作。在東縣的田野調查研究顯示，因產權、利益分配、商業競爭以及其他經濟問題所引發的民事糾紛升級成為公開的抗議、示威或大

---

10 某市市委、市政府：《建立長效機制，狠抓綜合治理，全力維護某某邊界某湖地區和諧穩定》，檔案 1-6，2009 年 6 月，第 1-2 頁。也可參見某縣縣委、縣政府：《某縣湖區邊界穩定工作情況彙報》，檔案 3-18，2009 年 3 月，第 1 頁。

11 檔案 1-6，第 1-2 頁。

規模集體行動，並非鮮見。

　　例如，一宗由違反地方商業利益糾紛引起的騷亂就發生於 2009 年。當時東縣某主要國營煤礦的主管人員，決定用國有鐵路進行煤礦產品的包銷運輸，並因此而減少使用由村民私人經營的運輸車輛。這導致以煤炭運輸業為生的當地村民暴力襲擊煤礦礦場內的建築，以表達他們對於此計劃的不滿。事件爆發後，社會面管控部門立刻接到了介入指令，進行現場處置。[12] 在同一年，另一個「不穩定徵候」也是由商業利益糾紛引發。當年，一個爆炸品倉庫外牆在大雨中倒塌，並將鄰村的灌溉渠壓壞。而作為該爆炸品倉庫業主的地方大企業在事件處理過程中對於村莊社區表現出的傲慢以及輕忽，激起村民團結起來直接與該企業對抗，較大規模的群體性事件一觸即發。東縣的社會面管控系統為了防止一次足以引起全國媒體關注的大型群體性事件發生，不得不再一次開足馬力兩方面做工作以化解僵局。[13]

　　在東縣，由經濟利益引致的矛盾衝突通常源於個人間或家庭間的民事糾紛，或是源自於農民和地方企業之間的利益瓜葛。但是，在這些通常毫無政治性的矛盾衝突中，爭端中的弱勢一方往往利用發動集體行動或是公開抗議作為向政府施加壓力、謀取

---

12 《受礦霸有組織干擾，某某煤田包銷運輸合同嚴重受阻的情況反映》，檔案 2-6，2009 年 11 月 10 日，第 1 頁。

13 《某縣成功處置關於某某煤礦炸藥庫圍牆倒塌的糾紛》，《建設平安某市簡報》第 47 期，檔案 2-5，2009 年 7 月 23 日。

己方利益的有效工具，正所謂「大鬧大解決、小鬧小解決、不鬧不解決」；但這些集體行動顯然成為對縣域內整體社會政治秩序穩定的潛在威脅。不論原初的誘因或參與者個人動機為何，經濟利益糾紛在中國特有的環境下往往形成進一步的社會政治動亂的來源，因此社會面管控系統在日常工作中仍會格外謹慎小心地處理這些貌似毫不涉及政治問題的糾紛，防止其被擴大化、暴力化甚至政治化。

土地爭議

土地爭議是一種特殊形式的經濟利益糾紛。在東縣，土地爭議涉及與土地有關的所有權、承包權、衍生利益以及與耕地或宅基地相關的租值收入等方面的糾紛，矛盾性質尖銳，對立情緒強，往往難以化解，也較易引起大規模的集體行動。尤其在過去數十年間，隨著中國工業及城鎮化的急劇發展，與土地權利相關的矛盾衝突愈來愈凸顯，暴力化程度高、涉及面複雜——在農村地區此類矛盾特別突出。故此，涉及土地權利的爭議已經成為威脅東縣社會政治穩定的重要因素，也是該縣社會面管控系統日常工作的重要內容。

在東縣，相當部分可能導致社會不穩定的嚴重土地爭議發生在農村社群和當地企業之間。舉例而言，某國有企業於 1989 年從定村認購 60 畝耕地用於修建工廠時，曾保證開工後工廠將會從該村招聘 106 名工人；然而，當工廠在徵收的耕地上建成

後，直到 1993 年底，定村僅有 28 名村民得以被錄用進入工廠工作。由於國有企業拒絕繼續兌現用工承諾，定村村民遂發起一系列集體進京上訪行動，並且聲稱不排除採取任何形式的集體行動，直到用工承諾得到履行。東縣維穩辦因此花費大量時間和資源來處理這一「重大不穩定徵候」，以保證定村村民不進京、進省上訪，把矛盾消化在當地。[14]

另一類土地爭議的情況則是國家主導的建設項目被認為侵犯到農村社區的土地權益時，也有可能成為不穩定的潛在導因。在 2008 年，毗鄰東縣的琶縣政府上馬了一項加固某主要河流堤壩的建設項目；然而，當施工方進入臨近東縣寶村的「插花地帶」時（註：兩縣交界處行政管轄交錯地帶），遭到寶村村民包圍，挖掘機也被憤怒的村民扣留。村民的怒氣源頭在於他們認為琶縣政府在 2000 年為另一個建設項目向該村徵地時，未有作出足夠令村民滿意的補償。當堤壩工地被包圍和挖掘機被哄搶後，東縣地方幹部曾試圖接近憤怒的村民進行安撫，但並未能夠阻止事態升級。文件記載：

挖掘機被扣後，（東縣）章鄉黨委、政府連夜組成工作組做群眾工作，在基本做通村兩委及部分村民的思想工作後⋯⋯

---

14 國有煤礦協調領導小組、某縣政府：《關於某某煤電公司未履行徵地協定解決農民地帶工情況的調查報告》，檔案 2-10，2008 年 8 月 18 日。

組織工作人員 30 多人及 6 名公安幹警出動車輛 7 輛到扣車地點，採取放車措施，並將車輛開赴鄰省工地。途中，章鄉寶村支部書記某某不顧鄉領導說服勸導，一意孤行，煽動其親屬和個別群眾將鄉政府主要領導幹部打倒在地，後又圍攻毆打其他工作人員，10 餘名工作人員和 2 名幹警不同程度受傷。之後，4 月 3 日、4 月 14 日部分村民在個別人的煽動下，連續兩次來縣委上訪，企圖掩蓋其不法行為。琵縣水利局和施工方強烈要求章鄉放車，不然容易引發意想不到的衝突事件。[15]

當這一事件的現場處置難度超過鄉鎮一級幹部的能力範圍時，東縣社會面管控系統幹部立即接管了事件處置，並盡全力防止這項衝突升級為影響更廣、規模更大及更為激進的集體行動。

突發事件

政府難以逆料但突然發生的敏感事件，同樣會對縣級社會政治穩定造成嚴重衝擊和影響。尤其是當這類突發事件涉及特定社會群體（例如學生或是少數民族），又恰逢政治敏感事件（例如年度「兩會」召開時期），或是引起大範圍謠言流傳和負面社會情緒時，它們發展成為大規模社會騷亂和不穩定事件的可能性

---

15 某縣政法委：《關於「3．26」事件處理情況的彙報》，檔案 2-7，2008 年 4 月 29 日，第 1-2 頁。

會進一步上升。東縣社會面管控系統的一項日常工作，就是防範潛在的「敵對勢力」將「具有政治象徵意義的潛在信息」與突發事件聯繫起來，以發起並動員大規模群體性事件，對地方政治社會的基本秩序造成破壞。[16]

例如，2007 年 8 月 23 日早晨，一名回族穆斯林在押犯人在縣監獄監所中因急病昏迷。這名在押犯被立即送往縣醫院搶救，但其後不治身亡。當他的家屬得知其死訊後陸續趕到縣監獄，回族居民開始在縣監獄門口大量聚集。次日清晨，滿載超過 100 名回族居民的汽車大巴到達縣監獄門口；聚集的人群試圖衝擊縣監獄，最後被警方阻止。此後，示威者試圖搗毀監獄行政大樓，並聲稱有更多來自周邊城市的回族群眾正在前來支援的路上。[17] 由於這一突發事件涉及敏感人口（少數民族穆斯林群眾）和敏感地點（監管場所），它被立刻認定是對社會政治秩序穩定構成嚴重威脅的事件，需要由東縣社會面管控系統介入處置。

再如，在 2008 年 6 月，東縣某中學一名 21 歲的男生在收到大學錄取通知書後，與高中同學結伴畢業旅行期間不幸溺亡。男生的家屬不接受警方將此案列作「意外死亡」的調查結果，懷疑事件涉及謀殺或是惡作劇等不法行為，因此威脅會組織遊行示威

---

16 Hank Johnston, *States and Social Movements* (Cambridge, UK: Polity Press, 2011).

17 某市政法委：《關於 …… 某某監區事件處置情況的報告》，檔案 2-1，2007 年 8 月 29 日。

以討取公道，並且表示要將事件公佈在互聯網上。死者家屬甚至因為懷疑死者生前一名同學是所謂「兇手」，而打算將死者屍體移至該名同學家，並在那裡舉行祭奠法事示威。由於這一突發意外事件的發生距離 2008 年北京夏季奧運會開幕僅有一個月左右的時間，並且地點距已安排好的當地奧運火炬接力儀式舉行地點極為接近，因此立刻被上級黨委政府認定為一起對於東縣的社會政治穩定具有重大威脅的突發事件；因此縣社會面管控系統立即介入，並在縣委直接督辦下投入大量人力、物力、財力對此事進行處置。**18**

類似這樣出乎預料而極具煽動性的「突發事件」，有很大可能吸引大量社會上成分複雜的人群參與，並因此令集體行動帶頭人將本來不具政治含義的意外事件迅速升級、激化和暴力化。**19** 特別是事件中出現敏感人群發生傷亡，或是事故與重要的政治時期重合時，社會上潛在的反對勢力就有可能利用這些事件吸引大規模人群參與，並將其發展成為更大型、暴力化的群體事件，對地方政治社會秩序造成巨大傷害。

18《關於某市妥善處置一中學生溺水死亡事件有效化解影響社會穩定隱患情況的通報》，檔案 2-8，2008 年 8 月 6 日，發佈機關不詳，第 10 頁。

19 同上，第 8 頁。

穩定之網

為了應對類型眾多的社會不穩定因素，東縣社會面管控系統的人員和機構通過長期努力，建構了一個由多種管控機制組成的綜合安全網，以儘早發現、識別和干預對社會政治穩定有可能造成威脅的因素，防範「不穩定徵候」進一步發展成為群體性事件，並在需要時有效地現場處置有可能影響社會政治穩定的突發事件，防止其升級、擴大或者蔓延。東縣的社會面管控機制擁有一個綜合完整的制度框架和指揮體系，使政權有能力進行官方及非官方的信息收集、人口管理、矛盾調處、應急響應以及社情管控。社會面管控系統構成了一支重要的預防力量，通過大量、細緻的日常性、基礎性和預見性工作，確保著縣域內政治社會秩序的總體穩定，並對維護政權安全作出貢獻。這些重要的預防性工作機制主要包括制度化跨境協作、社會矛盾排查、社會矛盾調處和突發事件處置四個部分。

制度化跨境協作

葦湖湖區佔據東縣轄區面積的三分之二。東縣縣委一再強調「湖區邊區穩定工作是我縣工作的難點、重點，也是亮點。如何⋯⋯進一步提高湖區邊區穩定工作的水平，成為縣級班子領

導同志首要考慮的問題」[20]。葦湖本身橫跨多省邊界,「一步跨兩省、兩步跨三縣」;特殊的地理位置導致不同省份居民爭奪湖區自然資源的矛盾衝突十分突出,也使得同一地方不同社群之間因湖產分配矛盾長期處於敵對狀態。這些經年累月積聚的矛盾使得湖區因其世仇械鬥以及較高犯罪率而聞名,而這兩者都被視為是對東縣社會政治穩定的重大威脅。[21] 因此,東縣縣委、縣政府在2005 年的一份文件中明確提出:「湖區邊區的穩定工作,不但是東縣穩定工作的重點,同時也影響著全市乃至全省穩定工作的大局。湖區穩則全縣穩。邊區安則全縣安。」[22]

葦湖湖產糾紛所引致的不穩定問題,其複雜性和癥結主要在於毗鄰葦湖的各縣市都長期參與對葦湖自然資源及其出產的爭奪;並且當矛盾衝突發生時,不同地方政府都傾向於保護他們轄區內居民的利益,致使問題長期得不到解決。葦湖湖區的各相鄰縣市之間長期缺乏溝通和協作,亦導致了一個執法真空地帶的出現,跨境地區的治安和社會面管控「三不管」成為常態。特別是當出現涉及來自其他鄰縣民眾的大規模跨境群體性事件時,單靠東縣社會面管控系統便很難有效地緩解社會不滿情緒、安撫人群

20 某縣縣委、縣政府:《緊緊圍繞科學發展觀,深入推進湖區邊區穩定工作》,檔案 4-1,2009 年 12 月,第 1 頁。

21 檔案 3-18,第 1 頁。

22 某縣縣委、縣政府:《全面加強基層基礎工作,全力打造平安湖區邊區》,檔案 3-6,2005 年 6 月,第 2 頁。

或是解決問題。

因此，為了更有效地維護葦湖湖區的治安和社會政治穩定，東縣社會面管控系統的一大日常工作就是建立、維繫並且加強與毗鄰湖區的各友鄰縣市社會面管控系統之間的跨境聯絡與合作。東縣黨政系統各個層級對此工作均高度重視，從村治保主任到東縣最高層的主要負責幹部都親自參與到跨境溝通和協作中去。例如，東縣社會面管控系統的幹部每年要花費大量時間訪問友鄰縣的黨政機關，並經常舉行雙邊或多邊的會商和情況通報會議。從 2006 年開始，東縣縣委每半年都要舉行一次縣級的社會面管控工作會議；而所有周邊的友鄰縣都會獲邀委派代表參加這一會議。東縣的主要領導幹部也經常到訪周邊友鄰縣，同它們簽訂許多關於在聯合執法和社會面管控方面開展協作的諒解備忘錄。東縣邊界地區的鄉鎮一級政府亦時常接觸周邊縣市的毗鄰鄉鎮，同它們建立不同形式的聯合工作力量來提前發現、甄別、調解和解決潛在的跨境社會衝突，或協作處置社會政治不穩定的早期徵候。[23] 在東縣的官方文件中，這種跨境協作工作被稱為「四聯」，包括：縣級黨政機關的「友好」聯絡、友鄰縣政府部門之間的「發展」聯絡、毗鄰縣市警方之間的「穩定」聯絡以及不同縣市下屬的毗鄰行政村之間的「團結」聯絡。以這四種聯絡工作

---

23 某縣政法委：《完善湖區邊界穩定機制，全面構建和諧新某縣》，檔案 3-15，2008 年
9 月，第 3 頁。

所組成的以「四聯」為基礎的跨境溝通、協作和聯合工作及應急響應機制，被認為是東縣社會面管控工作賴以成功的最重要保障之一。[24] 長期以來，東縣與湖區毗鄰的友鄰縣市之間建立了互聯互訪、互通信息、糾紛排查、聯防聯調和主動預防等五項工作機制。[25]

　　東縣政府不同部門還在很多其他領域與友鄰縣市進行聯繫和協作，包括基本建設投資、打擊犯罪活動，以及旨在防範跨境群體性事件的日常聯絡及合作機制等。[26] 東縣社會面管控部門和友鄰縣市相關部門緊密協作，對社情民情進行高密度的日常監控，對犯罪活動堅決執法，力圖防止重大跨境社會衝突和群體性事件的發生。例如，葦湖湖田的夏收和秋收一直以來都是導致宗族和村落衝突械鬥的重要原因。有鑒於此，東縣政府採用一項用於處理此問題的特殊策略：即如果某一湖產收成引起爭議，並有導致衝突械鬥發生的可能，東縣要求自己一方必須將此批收成放棄；東縣政府轉以現金的形式，對蒙受經濟損失的本縣民眾進行補償。從某種角度說，這也是地方政府「花錢買穩定」、不得不

---

24 檔案 3-6，第 2 頁。

25 某縣縣委、縣政府：《認真貫徹落實五項協議，全力維護湖區邊區穩定》，檔案 3-3，2004 年 12 月 16 日，第 3 頁。

26 檔案 3-6，第 2-3 頁。

為之的應急之策。[27]

2008 年，東縣政府和周邊的琵縣以及銅縣政府通過緊密協作，化解了長遠以來三地民眾之間因歷史遺留問題產生的矛盾。三縣政府通過密切溝通和合作，分別和歷史械鬥受害者家屬達成了協議，火化了尚存於停屍房數年的四具受害者屍體，因此消除了足以引發新的集體械鬥的一大誘因，得到上級黨委政府的高度讚揚。[28] 在 2006 到 2008 年間，東縣成功通過與周邊各友鄰縣市合作，認真調解處置了 64 宗不同種類的跨境糾紛衝突，阻止了 14 宗跨境民事糾紛演變成刑事犯罪事件，並化解了 19 宗因跨境矛盾衝突而可能引發的群眾集體赴京、赴省上訪告狀事件。[29]

東縣與其周邊友鄰縣市的制度化協作大大增強了基層黨委、政府在其日常工作中有效調處社會矛盾、防範暴力和群體事件發生的能力。譬如，據一位接受訪談的東縣幹部回憶，2012 年 3 月，當東縣的張家與相鄰的琵縣的楊家就一個位於風水寶地的墓地之擁有權發生糾紛時，兩個家族各自召集了超過 200 名男性成員，準備進行大規模武裝械鬥一較高下。當這一重大的社會不穩定徵候線索被上報後，東縣政府立即通知了毗鄰的琵縣政

27 《關於加強聯繫密切合作共同建立穩定協作機制的協定的實施細則》，檔案 3-4，簽發機關與日期不詳，第 3 頁。

28 某縣政法委：《湖區邊區穩定工作情況彙報》，檔案 3-5，2005 年 12 月。

29 《強化五聯措施，全力維護葦湖邊界地區和諧穩定》，檔案 3-11，簽發機關與日期不詳，第 7 頁。

府，並建議兩縣共同處置這一情況。兩縣的警方迅速組成了一支聯合工作隊來阻止張楊兩家聚集的人馬參與武裝械鬥。最後，在兩縣政府的聯合督辦下，兩個家族就墓地歸屬權問題達成協議，武裝械鬥的計劃也相應終止。[30] 這次預防跨境社會矛盾衝突和防範大型武裝械鬥處置工作的成功，獲得了上級黨政機關的高度讚揚。[31] 事實上，相關黨政部門認為這類基層的跨境協作，是東縣社會政治社會面管控工作中最為重要的經驗。一份文件總結道：

在一些不穩定苗頭出現時，首先由最基層開始協調，通過村與村之間、鄉鎮與鄉鎮之間互相溝通、達成諒解，協商解決矛盾糾紛，同時利用親緣、親情關係和民間交往優勢把矛盾化解在基層，使雙方群眾和平共處，共同發展。[32]

排查社會矛盾

如果說制度化的跨境協作工作機制為東縣的社會面管控工作提供了制度基礎，那麼「排查社會矛盾」則構成了該縣社會面管控系統日常預防式社會面管控工作的主體部分。排查社會矛盾

---

30 與某縣縣委負責幹部的座談，2012 年 7 月。

31 《2005 年各級領導的批示》，檔案 4-4，簽發機關與日期不詳，第 12 頁。

32 檔案 3-3，第 3 頁。

是指在足以威脅社會政治穩定的潛在因素發展成可見的群體事件之前，通過社會面管控系統的基礎性慣常工作先行識別、干預並消除這些不穩定因素。因此，排查社會矛盾工作對於保障基層政治社會穩定來講具有十分重要的作用。事實上，排查社會矛盾在東縣早已成為基層黨委和政府需要保證的日常預防式工作的有機組成部分，而該縣社會面管控部門亦在這一方面投放了相當多資源與人力。[33]

社會矛盾排查工作由東縣各級維穩辦負責進行。一位鄉黨委副書記在訪談中曾這樣描述該項工作的運作模式：

問：日常工作中的矛盾排查如何進行呢？

答：整個的排查呢，我們是定期進行。這樣是村裡每週一排查，然後呢，鄉鎮一級是半月一排查。村裡排查的情況要隨時報我們鄉鎮政府。這個問題都是採取明確的責任分工制。對於排查的情況我們也會隨時進行分析研判。我們也對矛盾進行排查登記 …… 每個鄉鎮都會有個專門的副書記負責這一塊。[34]

在村一級，社會矛盾排查工作由村黨支部書記或治保調解

---

33 某市政法委：《我市召開某某邊界某某地區穩定工作調度會》，檔案 3-22，2006 年 4 月 26 日，第 3 頁。

34 與某鄉鎮黨委副書記的座談，2012 年 7 月。

主任負責，村黨支部、村委會進行各種形式的情況蒐集和研判，例如實地調查、信息分析、家訪以及約談相關人士等。各種有關不穩定徵候的信息線索一旦被發現，在行政階層內可得到快速有效的傳遞：一般而言，當潛在不穩定徵候被基層幹部發現、識別和報告後，縣維穩辦和其下屬的工作部門在早期就會立即介入。如果該項不穩定徵候關乎村莊之間甚至是涉及毗鄰縣市的跨境糾紛，事件會被直接上報至束縣縣委分管常委以上的主要領導幹部並由他們親自督辦，這就是所謂的越級信息報告制度。除此之外，維穩辦也在全縣範圍內聘請了 500 餘名普通村民擔任全職或兼職的「信息員」。這些信息員平時要密切關注本社區的矛盾衝突和糾紛狀況，如果一旦發現有不穩定徵候，要直接向縣級維穩辦報告，而無需經過任何下級的官僚程序。鄉黨委副書記介紹説：

　　每個村都有信息員，信息員由治保調解主任提名。有甚麼信息及時彙報，根據事件的嚴重程度和影響大小，安排相應的領導靠上去進行處理。信息員很重要，有些問題上報得及時的話，可以把問題處理在萌芽狀態。一旦有徵兆了，領導立刻靠上處理，防止事態激化。[35]

---

35 與某鄉鎮黨委副書記的座談，2012 年 7 月。

多年來，東縣社會面管控工作系統創建了一個可靠的信息收集、識別和報告網絡。這一網絡能夠在「縱向達至最基層，橫向達至最遠鄉鎮」，使得基層黨委政府具有扎實可靠的信息基礎來「按清晰的目標和準確方式執行社會面管控工作」。**36**

由於葦湖湖區的跨境糾紛械鬥是東縣社會政治不穩定的一個主要來源，社會矛盾排查機制也自然包括一些由東縣鄉鎮及沿湖周邊友鄰縣市所屬的鄉鎮代表組成的「聯合排查調處小組」，他們的職責是在鄉鎮一級協作識別並消除跨越縣域的嚴重社會政治不穩定徵候。東縣縣委在文件中曾表揚說，「沿湖鄉鎮（街道）與接邊鄉鎮（街道）普遍建立了矛盾糾紛聯合排查調處小組，一旦發生問題及時與雙方進行溝通，確保在最短時間內控制住矛盾糾紛」**37**。

此外，中國共產黨傳統上用以處理民眾請願投訴的信訪制度，也成為另一個能夠被用於排查社會矛盾和早期不穩定徵候的重要制度化工具。關於這一制度，一位鎮黨委書記曾作出以下評論：

穩定肯定現在是最重要的政治任務……各村、單位主要

---

36 檔案 3-6，第 4 頁。

37 某縣縣委、縣政府：《湖區邊區穩定工作情況彙報》，檔案 3-16，2008 年 11 月，第 3-4 頁。

領導作為信訪工作第一責任人，牽頭抓總，嚴格實行領導責任制，一級抓一級，確保不能發生越級上訪，杜絕非正常上訪和大規模集體上訪行為的發生。對各類信訪問題進行拉網式大排查，特別是對鎮信訪辦受理尚未結案的信訪案件進行排查，主動同信訪人取得聯繫，切實做到底子清、情況明。對可能出現的越級上訪安排專人去做工作，確保把問題解決在當地。能夠在短時間內解決的要立即解決；一時難以解決的，要作出時間安排，並向當事人作出解釋說明。還有就是要加強值班，確保鎮村兩級實行 24 小時值班，密切關注信訪動態，及時掌握信訪信息，遇有緊急、重要事項的信息要隨時發現、隨時處理。[38]

　　為了促進對社會矛盾（特別是社會政治不穩定徵候）的排查，東縣維穩辦整理出六類最可能導致群體性事件的社會矛盾，並規定各級黨政幹部在工作中都需要對這六類「易發糾紛的苗頭」予以格外緊密的關注。這六類「苗頭」包括：農忙收種季節易發期類、有影響忌日敏感期類、湖內資源糾紛不定期類、經濟交易糾紛突發期類、婚姻矛盾類、鄰里糾紛類。縣維穩辦針對以上每類潛在糾紛苗頭的早期識別、調解、管控工作制定了詳細工作計劃；此外，若這些潛在社會矛盾最終轉化成為群體性事件，維穩辦也制定有相應的處置預案。顯而易見，東縣社會面管控系

---

38 與某鄉鎮黨委書記的座談，2012 年 7 月。

統排查社會矛盾的工作機制是一個具有高度協調能力、有系統性的先制預防式工作機制，旨在早期發現、研判、干預和消除任何可能威脅縣內社會政治秩序穩定的徵候。正如東縣縣委、縣政府在 2009 年的一份文件中所要求的那樣：

主動排查不穩定因素，充分發揮基層派出所、司法、信訪等部門的作用，密切注視有可能發生的不穩定因素。發揮村級黨組織的作用，高度關注涉及（邊界）雙邊群眾的生產生活情況，及早獲取一些傾向性、苗頭性問題的信息。同時，做好處置預案，一旦發生突發性事件或矛盾糾紛，確保及早著手，迅速處理，掌握主動。[39]

調處社會矛盾

東縣社會面管控機制的另一項日常工作被稱為「調處社會矛盾」，目的是排除任何可能導致群體性事件、政治不穩定或是社會騷亂的矛盾、衝突或糾紛。東縣縣委對於調處社會矛盾工作作出了明確要求：

---

[39] 某縣縣委、縣政府：《某縣穩定工作情況彙報》，檔案 1-5，2009 年 4 月 1 日，第 6 頁。

主動化解矛盾糾紛，把矛盾糾紛的排查調處作為一項重要的舉措，使每起矛盾糾紛都能妥善化解在基層，消滅在萌芽狀態。矛盾糾紛一旦發生，本著宜解不宜結的原則，從大局、全域出發，予以妥善解決。[40]

為做好調處社會矛盾工作，東縣維穩辦在基層重新設立了人民調解委員會，並指派具社會影響力的黨員幹部擔任「主任調解員」。人民調解委員會下轄八個信訪調解組，負責在鄉鎮一級調解處理民事糾紛。當農村社區內出現較有可能導致較大規模群體性事件的糾紛爭議時，縣社會面管控系統直接指派幹部去協助基層政府調解矛盾。東縣所在地級市因此推行民警兼任村官、民警聯繫村莊居民的制度。各縣市總共委派了 3,360 名民警擔任村黨支部副書記或者「平安包保責任人」。縣委要求這些下派到基層的黨員幹部成為「五大員」，即：人民群眾的「服務員」、矛盾糾紛的「調解員」、社情民意的「信息員」、安全防範的「指導員」和社會面管控的「督導員」。[41] 此外，東縣社會面管控系統中的主要日常工作還包括對下轄鄉鎮每月進行社會矛盾調處巡查，以及早「識別並調處解決社會矛盾」。對於巡查過程中發現的每一項具有潛在社會政治影響的糾紛爭議，維穩辦都要求將其

---

40 同上。

41 與某市紀委綜合處處長的座談，2012 年 6 月。

記錄至官方數據庫,並指派一名專門幹部跟進該事項,與涉及糾紛各方進行溝通調解,並及時向縣維穩辦報告調解工作的進展。採取這種「一對一」調解社會矛盾的目的在於「有重點、有目的地預防化解,防止矛盾激化或事態升級擴大,保證接壤地區的社會穩定」[42]。

此外,為了更好地調處社會矛盾,東縣的所有縣級幹部都按要求在信訪局輪流定期接待上訪群眾,以直接而有效的方式安撫上訪群眾的怨氣,及解決他們的問題。政府還為此成立了一項稱為「積案化解基金」的專項基金來化解那些最難處理、遷延日久的老大難矛盾糾紛。積案化解基金中 20% 的資金由中央政府預算提供,其餘則是來自於地方政府的土地收入。積案化解基金往往在化解社會矛盾的關鍵時刻為政府方面得以與上訪者達成妥協提供所需的財政資源。[43] 必須指出,在實際工作中,東縣地方幹部並不傾向於隨意使用這筆財政資金來「花錢買穩定」。一名派出所所長在接受訪談時談到:

　　有些地方希望「花錢買平安」,多少滿足了一些人的要求;但這反而助長了這種歪風邪氣,「會哭的孩子有奶吃」,造成了

---

42 檔案 3-21,第 8 頁。關於派遣縣級幹部到重點村,參見檔案 3-6,第 4 頁;以及與某市政法委綜合治理辦公室副主任的座談,2012 年 7 月。

43 與某縣信訪局局長、縣人民群眾來訪服務中心副主任、縣委督察辦主任、縣政法委辦公室主任的集體座談,2012 年 7 月。

惡性循環。政府在一方面立場更堅定一些，如果是老百姓有理的，就要給老百姓解決問題，同時處理不作為的幹部；如果是老百姓無理取鬧的，那就要依法予以追究。[44]

在東縣，積案化解基金被認為是化解和處置社會矛盾的最後手段，一般僅限於處理那些日久年深、無從判別是非曲直的歷史遺留糾紛，鮮有動用的時候。「花錢買穩定」的做法在東縣的社會面管控工作中不是常態。[45]

東縣及其上級黨委政府設置了一套嚴格的問責制度，用來評定黨政負責幹部在排查、調處和化解基層社會矛盾衝突工作中的表現和成績。一般而言，黨委政府對調處社會矛盾的總要求是六個字，即：「案結、事了、人服」。如果社會衝突調處化解不成功，而矛盾升級成為足以威脅基層政治和社會基本秩序穩定的集體行動、騷亂甚至局部暴亂，主要負責領導和分管領導都要面臨嚴肅的黨紀處理，負責黨政機關在相當一段時期內也將被取消評獎評先或是獲得組織榮譽的資格。[46]

---

44 與某鎮派出所所長的座談，2012 年 7 月。

45 同上。

46 與某市政法委綜合治理辦公室副主任的座談，2012 年 7 月。

突發事件處置

跨境協作、矛盾排查和矛盾調處都是東縣社會面管控系統日常進行的基礎性工作，往往不為群眾所見。與之相比，社會面管控日常工作中最可見的部分是處理潛在或突發的群體性事件。儘管東縣長年以來在社會面管控、社會矛盾協調與化解方面做了大量工作，但在不同的主客觀條件下，各式各樣的社會矛盾衝突仍有可能在短時間內迅速升級和激化，有時更會引致街頭集體行動或是其他形式的公開對抗事件，從而對基層社會政治秩序的穩定構成威脅。在這些關鍵時刻，縣委縣政府要求社會面管控系統必須立刻到達社會衝突現場開展處置工作。社會面管控系統的主要負責幹部必須有效控制人潮、迅速執行相應預案，並且在最短的時間內恢復社會秩序。即使在突發事件的現場處置工作中，社會面管控的最終目的仍然是先制性和預防式的，即：通過相關工作，儘速在群體性事件萌發階段有效化解矛盾糾紛，防範已經或者即將爆發的群體性行動進一步升級成為足以吸引媒體關注、對社會政治秩序可能造成重大破壞的大規模社會抗議行動或騷亂。

現場處置群體性事件是地方公安部門日常訓練的重要部分；然而，實地調查研究顯示，東縣社會面管控系統歷來都嚴格要求當地警方用專業方式處理群體性事件，並儘可能減少和降低使用國家強制力量處置突發事件的頻次和強度。當維穩辦從基層信息員或其他渠道知悉一場群體性事件即將爆發，維穩辦一方面會將這一情況通報當地警方做好處置準備，另一方面則開始與鄉鎮及

村幹部一同調查矛盾糾紛的起因、可能參與人數、牽頭組織人員、活動路線等。有關調查的結果被立即上報給負責社會面管控工作的縣委常委，也會向警方進行通告。一位派出所所長在接受訪談時指出，「一般來說，公安機關不會抓捕和提前採取硬性的措施，畢竟事情還沒有發生，要依靠政府的力量做工作」[47]。因為如果警方在集體行動尚處於早期（也是非常情緒化的階段）就作出強烈反應，可能只會對事態「火上澆油」。在這時期，一方面警方開始監控潛在的集體行動參與者以及維持基本治安秩序，另一方面黨委政府的社會面管控系統亦開始與村級以及鄉鎮政府進行密切協作，與集體行動牽頭組織人進行直接對話、商討以及談判。由社會面管控系統主持進行的這類說服和化解工作可能一直持續到人群走上街頭之前的那一刻才結束。[48]

當公開抗議行動或是其他形式的群體性事件發生後，說服化解工作迅即與現場處置工作結合起來進行。身處現場的黨政和公安官員的決策思路大致相同，包括：儘快解散集體行動參與者、防範集體行動規模和影響進一步擴大，並且在不大規模動用警力和不吸引媒體注意的前提下，儘快令事件得以平息。警方在這種情況下的行動往往特別強調有效處置但又保持克制。一位基層負責警官談到：

---

[47] 與某鎮派出所所長的座談，2012 年 7 月。
[48] 同上。

（一旦群體性事件爆發），我們就要第一時間趕到現場；如果人數眾多，我們還要向上級打報告調集警力。公安部要求我們要慎用武力，所以我們主要還是去維持一下秩序，並且做勸說工作。只要群眾沒有圍攻政府官員、打砸搶燒政府機關，我們不會介入⋯⋯（化解群體性事件主要還是依靠群眾工作）。現在各級領導都非常重視穩定工作，經常去信訪部門接訪，去農村走訪，願意傾聽群眾的訴求，為人民群眾辦實事，解決實際的困難。**49**

一位當地負責幹部在訪談中更生動地解釋了這一原則：

群體性事件的處置現在是公安部門高度重視的一個課題⋯⋯發生群體性事件後，地方政府都是把公安推到第一線，沒有公安，政府是拿群眾一點辦法也沒有。群眾往往把不滿情緒都發洩到公安的身上。有些公安自身素質也不行，和群眾對罵對打，最後激化矛盾。所以，公安部要求慎用警力，但這個在實際中更加加大了我們工作的難度⋯⋯有些地方的公安害怕激化矛盾，不敢採取行動，對老百姓一味遷就、讓步，不敢行使法律賦予的權力，結果導致事態失控擴大⋯⋯還有一些地方的公安不分青紅皂白，對參與群體性事件的群眾採取

---

49 同上。

強硬措施，試圖壓服群眾，結果反而使矛盾激化。我認為，最關鍵的是公安在現場明確一個界限，也就是說，讓這些事件參與者認識到，哪些是他們可以做的，哪些是不可以做的；一旦碰線，公安就要堅決予以打擊。[50]

在二十一世紀的今天，如何有效適度地處理街頭政治是對發展中世界不同政權的國家能力的綜合考驗。對東縣社會面管控系統日常工作的深入觀察顯示，即使在最為極端的時刻，比起選擇暴力社會面管控的方式來說，中國地方政府對於先制性社會面管控和預防式管控依舊有著強烈的偏好。故此，當突發事件爆發時，部署有限的、必要的警力自然是整個處置和化解工作的基礎之一；但基層黨委政府仍然強調做好群眾工作在化解社會矛盾、維護政治社會穩定工作中的重要地位。通過深入、細緻和耐心的群眾工作，及時發現、適時干預矛盾衝突的源頭，以說服、談判的方式與群眾商量，力圖將衝突事件化解在爆發之先或者控制在萌發階段，是基層黨委政府社會面管控工作的另一個基礎性的組成部分。

---

50 與某市紀委綜合處處長的座談，2012 年 7 月。

結 語

如欲理解中國政權為何在複雜的國內外環境中得以保持鞏固的基層政治社會秩序，我們就需要在中國語境下理解基層黨委政府的很多具有中國特色的工作制度。透過深入觀察和分析基層政府社會面管控系統這一重要工作機制，瞭解社會面管控系統如何監控社會矛盾、開展跨界協作、排查社會矛盾、調解衝突糾紛以及處置突發事件，我們得以檢視國家日常進行社會面管控的方式，理解為何中國的社會政治基本穩定能夠得到保障和維護。在本章中，筆者以東縣社會面管控系統為例，凸顯出中國基層政府所構建的一整套聯繫緊密、重視先制性和預防性的社會面管控機制，它構成了基層政權用以維護國家基本政治秩序安全工作機制的重要組成部分。

這些先制性和預防式的社會面管控工作機制幫助基層黨委政府準確瞭解社情、及時排查調處各類足以威脅社會政治穩定的潛在破壞因素，並確保基層社會的總體秩序不因矛盾衝突激化或爆發而遭到破壞。這一制度具有獨有的中國特色：它依靠基層組織、依靠群眾路線，講求群防群治，強調將矛盾化解在萌發階段，注重說服勸導、謹慎使用警力，具有強烈的風險意識，將社會面管控的工作落實到黨委政府日常的細緻、深入的群眾工作中去。這些特色都是中國政治體制所獨有的制度優勢。

從東縣的例子可以看出，中國基層的社會面管控系統具有

三項顯著特徵。首先，東縣的社會面管控工作系統已經超越了一般意義上的「執法」或是「強力」機關的概念；因為它是一個更具綜合性、協調性，融合了思想工作、群眾工作、基層組織、宣傳工作、青年工作和社會工作的工作網絡，並因跨部門以及跨區域協作而具備較高的效率和執行力。中國基層黨委政府維護社會政治穩定的工作機制是經規範化、日常化和行政化，較為系統地整合進基層政權的日常運作和基層政府的日常工作中，社會面管控的工作已經和其他方面的政府工作融為有機整體。

其次，中國基層社會面管控系統強調先制性和預防性。就東縣而言，儘管擁有相當程度的國家強制力量和暴力機器，但該縣社會面管控系統顯然更有意地聚焦於日常的預防性工作，以細緻的社會面工作防範社會矛盾衝突等不穩定因素發展為威脅社會政治穩定的群體性事件。因此，社會面管控系統的工作強調「提前量」，工作要開展在矛盾激化之前；即便群體性事件已經發生，社會面管控工作仍強調說服、勸導，維護基本秩序，慎用警力，力圖將突發事件的影響控制在最小範圍和最低程度。

第三，東縣社會面管控系統的日常工作體現了中國政治體制不同層級在維護社會政治穩定工作中的制度化分工。處於更高層級的黨政機關會更關注政治異見、顛覆活動以及邪教活動等政治性程度較高的威脅；而處於政治體制較低層級的東縣社會面管控系統，則集中精力排查、識別以及調處那些在居民日常社會經濟生活中出現的糾紛、矛盾和衝突，防止其擴大化、暴力化和

政治化。正因為如此，東縣的社會面管控工作尤其重視發揚群眾工作的優勢，強調和基層社會的互動，這在一定程度上使得維護社會政治穩定這項政治性極高的工作變得更平易近人，也更易於融入到日常政府運作中。總而言之，從東縣的實際看來，通過深入、細緻和積極穩妥的社會面管控工作，中國基層黨委和政府實現了與社會之間的有效、在地和日常的接觸和互動，這極大地幫助了政權鞏固其社會政治基礎的耐久性，最終實現政體與社會的高度共融。

結語

立足田野的中國故事

本書所包括的觀察與思考，來自於筆者自 2005 年以來十餘年時間內在中國城鄉基層所進行的田野調查研究。在進行這些田野工作的過程中，筆者力求做到客觀、平衡、周到、細緻，但實際效果究竟如何，還有待讀者朋友們在閱讀後作出評判和教正。

　　就當代中國研究而言，對中國國家機器 —— 特別是國家政權運作——的瞭解和探討，向來既是重點又是難點。顯然，要研究當代中國的政治，若不理解國家機器運行的邏輯和秩序，只會是空中樓閣、霧裡看花。但瞭解中國的政府機構又尤其困難。對於中外學者來說，能夠進入這一研究的場域固然已不易；但即便得到「入場券」，要能夠用「在地」的眼光、整體的文化背景和足夠的知識儲備來準確觀察中國基層政治舞台上的一幕幕實景劇，是比實現自然科學尖端研究還要難得多的宏大工程。這裡，學術研究既需要研究者本身對於既有的中外社會科學理論脈絡有深入而清晰的瞭解（即「理論化」），更需要對基層的政治實踐有具體而微的體驗（即「接地氣」）。任何一方面的缺失都會造成在理論構建和實證研究之間的失衡。一定要向讀者講述立足於田野的中國故事：這也是筆者在過往十餘年間的田野調查研究中不斷提醒和警醒自己的要點。

　　就西方的當代中國研究而言，在「理論化」和「接地氣」之間取得最優平衡其實並不容易。從歷史上看，西方中華人民共和國研究的理論發展迄今大概有半個多世紀。根據哈佛大學教授裴宜理的劃分，從二十世紀六十年代初期發軔的西方當代中國研

究迄今為止約略經過了三代主流理論範式的更替。六十年代的第一代中國研究理論基本上套用了東歐蘇聯研究所使用的全能主義模型，傾向於用一個無所不能、無所不在的新政權來解釋1949年之後中國的政治、經濟、社會和文化等多方面所發生的深刻變化。大約從二十世紀六十年代中期開始，受西方（特別是美國）社會科學行為主義革命的影響，這個僵硬的模型逐漸被更有活力的所謂「多元利益模型」所取代。多元利益模型認為1949年後的中國社會政治活力的源頭不是一個龐大而全能的新政權，而是新中國豐富多元的組成部分——從不同社會群體到不同的地理區域——在國家這一場域中的競爭和互動關係。因此要瞭解新中國的變化，唯有從研究和理解這些互動關係的發展演變入手才能得窺門徑。從八十年代開始，西方中國研究學者才逐漸用新的、深受歐洲學派影響的「國家與社會關係模型」來取代舊有的研究範式。在這裡，國家和社會被劃分成對立的兩極——而前者對後者的控制和後者對前者的抗爭被認為是政治和社會動力的主要來源。裴宜理也曾對這種把複雜的中國實際用如此簡單化的國家社會二分法理論模型加以描述和解釋的做法給予深刻的批評。

不難看出，半個多世紀來西方的中國研究所發展的理論範式具有三方面的主要特徵。第一，西方理論範式具有其獨特的目的性。西方的遠東研究肇端於歐洲的「博物學」和「人類學」，主要目的是幫助位於「中心地帶」的歐洲社會瞭解那些在世界邊遠地區的「他者」和「異族文化」。後來，隨著冷戰的興起，西

方的區域研究（包括當代中國研究）則服務於美國政府與東方社會主義國家集團進行政治、經濟、文化和軍事對抗的主要目的，實際上第一批當代中國研究也正是受益於美國國防、外交和情報部門的資助。這些獨特的服務西方利益的目的性也塑造了西方中國學從誕生之日起就具有的一些基本輪廓。

第二，西方理論範式具有很強的「代入性」，也就是説學者們常常是用西方社會科學研究的既有套路生搬硬套到中國的場景中。與此相聯繫的是跟風趕時髦的特徵——也就是西方主流社會科學流行甚麼，中國研究領域就追趕甚麼，成為徹徹底底的既有理論的「消費者」；而真正扎根於中國、研究真正的中國問題的作品少之又少。這樣的理論發展的成果是否能夠準確或相對準確地反映中國的現實是值得懷疑的。

第三，西方中國研究的理論發展一直帶有擺脱不掉的「離地感」。儘管西方中國學界也產生了像費正清、裴宜理、孔飛力、馬若德、周錫瑞等一大批既深諳中國歷史現實、又精於社會科學理論的世界級頂尖學者；不可否認的是，由於對中國語言、文化、社會和歷史傳統的隔膜，以及進入田野工作的困難，造成了另外一些西方中國研究學者的理論想像和中國的政治社會現實之間存在著不可逾越的差距，甚至鴻溝。

可惜的是，作為中國學者，我們在向西方虛心學習的過程中往往並沒有意識到國外中國研究的這些短板，時而還會陷入「盲目崇洋」、「妄自菲薄」甚至「學術殖民主義」的泥沼。從

二十世紀八十年代改革開放初期始，為了改變當時社會科學界眼界不夠開闊、思想相對僵化的問題，中國學術界對於國外學術成果引進、介紹較多，豐富了哲學社會科學研究的視野。但是，在向國外中國研究學界取經的同時，我們往往在不自覺間失掉了學術自主的意識，盲目跟隨西方學界的風向標，甚至有意無意自甘為西方學術的附庸和「殖民地」。雖然身處中國的土地上，我們卻難得放下身段、走進中國的田野，發現和解釋中國的「真」問題，而是盲目跟隨「西風」，一味追求學術上的時髦，在「洋理論」和「接地氣」之間發生了失衡、失穩，學術研究亦因之而失去了厚實的基礎，平庸化自然就無可避免。特別是隨著赴美國留學大潮的興起，一些年輕學者接受西方的社會科學學術訓練，卻很少反思這些學術範式對研究中國問題的適應性，不考慮這些理論框架「接不接地氣」、「合不合實際」，不假思索、拿來就用，自然離地萬里。結果就是分析工具愈來愈炫目、概念設定愈來愈「洋氣」，但卻提不出甚麼有意義的理論觀點；學術研究也就成了純粹地比拚論文技巧，學術成果的評價也變作依靠由西方商業機構算出來的那幾個毫無實際意義的數字，而不是對知識的真正貢獻和價值。

當然，國外學術界生存的「剛性需要」以及國內某些學術評價機制一味考慮與國際「接軌」的現狀，也造成不少接受了「洋理論」訓練、又在海外工作或學習的年輕學者被迫要在學術生產過程中不斷取悅西方的學術界主流，以求獲得認可、維持自身生

計。當西方中國學界大談市民社會，他們也跟隨談論社會對國家的抗爭；當西方中國學界搞定量計算，他們也只能隨之起舞，弄出一個又一個讀過即忘、完全不具解釋力的數學模型；當西方中國學界時興實驗和大數據分析，他們也飅飅然號稱要搞社會科學試驗和大數據。這裡的跟風是兩重的。首先西方中國研究學界本身就長期有對美國主流政治學範式的不斷跟風的固習，久為資深學者所批評；而我們又跟美國中國研究學界的風，結果如何，可想而知。所謂，「取法其中，斯爾下矣」正此之謂也。若不加以遏制，如此「二道販子」式的跟風對中國問題研究整體學術水平的傷害是長期的和根本性的。這些盲目跟風之作，最大的危害在於樹立其錯誤的學術標杆。實際上，當代中國研究與美國和發達國家研究相比，具有其特殊性。完全拿研究美國政治和社會的一套方法、概念來探討中國的實際問題絕非我國學者學術道路的最優選擇。

就講述立足田野的中國故事而言，筆者認為堅持中國化、自主性、在地性和實踐性是四個關鍵之所在。堅持中國化，就是要在學術交流和向外學習的過程中具有主體意識，堅持「以我為主」的原則，以西方理論發展中確有價值的部分來開闊我們的視野，豐富我們自己對中國問題的研究和認知，以及促進相應的理論構建工作。堅持中國化就要把學術研究根植於中國的廣闊田野中，講中國故事，有中國關懷，用中國的素材發掘中國的議題，而不在向西方學習的過程中自我迷失。堅持自主性，就是要作出

有中國氣派的學術，要有信心走出最適合中國研究的道路，而不是一味跟隨西方學術界的指揮棒和評判標準。堅持在地性，就是要避免空中樓閣、閉門造車，要從豐富的實踐出發，深入到中國社會的內裡，掌握住中國發展的真正脈搏，而不是用「洋概念」、「洋方法」簡單包裝。堅持實踐性，就是要避免「空對空導彈」式的學術，要研究對中國實踐真正有意義的問題，實現學術研究和社會現實的和諧統一，讓學術研究生產出有益於認識當代中國的「真知」和「新知」，而不是為了迎合西方的概念和範式而套用概念、扭曲現實甚至生造議題。只有在堅持學術研究的主體性、自主性、在地性和實踐性方面做好了，中國研究才能避免方法論、本體論和認識論上的誤區，真正成為符合中國實際、有真正意義的學科門類。

這本書是筆者學術生涯第一個十年的總結，也是對以上這些關於當代中國研究發展方向不成熟想法的一次不很成功的實驗；但筆者堅信，只要中國學者在研究工作中都能始終堅持中國化、自主性、在地性和實踐性這四個關鍵點，同心協力，一以貫之，我們的目標就一定能夠達到。在二十一世紀的今天，我們應當有這個信心。

後記

　　這本書彙集的是我自 2005 年以來在中國城鄉基層所進行的田野調查研究的成果。2001 年秋，我從北京大學國際關係學院畢業、進入美國哈佛大學政府系（Department of Government）攻讀博士學位。在 2003 年通過博士資格綜合考試後，又經過約兩年的時間完成了博士論文大綱和預答辯。2005 年秋季，我有幸獲得哈佛大學費正清中國研究中心（Fairbank Center for Chinese Studies）所提供的慷慨資助，同時也是繼承幾代哈佛中國學子的優良傳統，打起背包回到中國農村，開始進行深入細緻的田野調查研究；從此，我的人生便與中國基層政治的研究結下了不解之緣。

　　我在哈佛大學完成的博士論文探討中國基層政權對經濟社會變革的適應性問題。經答辯，該論文於 2008 年 12 月底獲得評審委員會一致通過。之後，我即於 2009 年 1 月加入香港大學政治與公共行政學系任教。有賴於香港大學和香港特別行政區研究資助局所提供的優越研究條件，以及在許多前輩學人和地方各級政府領導同志的大力支持下，我得以在參加工作後仍繼續行走於中國城鄉基層社會，以社會科學學者的特有目光對處於大時代中的中國政治和社會進行深入觀察、瞭解和分析。我的研究場域從

博士生時期的華北一隅擴展到華北、華東、華南和西南地區的不同地、市、縣，研究範圍也從攻讀博士學位期間所聚焦的中國共產黨基層領導機構，大幅擴展到組成我國基層政權的諸種元素（包括組織系統、統戰系統、政協系統、政府系統、公安系統、法院系統、社會保障系統、教育系統等不同戰線），對中國社會和政治的認知和體察也更加豐富和全面。這些可遇而不可求的研究條件，是我能夠對當代中國政治——特別是政治穩定和政權安全問題——進行深入學術研究的基本前提。

二十一世紀初期的政治學科，早已經進入較為成熟的實證科學階段。政治學家們對各自研究對象的探索，不可能再僅僅局限於書齋之中；空中樓閣式的閉門造車已經是當代比較政治學者的「死亡之吻」。走入廣闊的實踐和田野，既是新的學術標準的召喚，也是探索政治世界客觀規律的必由之路。因此，我非常慶幸在學術生涯的第一個十年，就能夠得到如此多領導、師長和朋友的鼎力相助，使我不但能夠進入中國政治田野研究的大門，而且能在不同一般的深度和廣度上深入審視中國政治在實際生活中的運行形態和規律。那些在檔案館裡度過的日子、那些在田間炕頭的訪談、那些與中央和地方官員在不同場景下的坦誠交流，都為我的學術研究提供了最豐富的素材和最寶貴的養分。我想，若沒有這十多年來在中國基層社會的浸潤，沒有行走於中國田野的經歷，我的一切關於當代中國的研究都將只能是空想和紙上談兵，成為「無源之水」、「無本之木」，絕然無法反映出我們國家

在這個偉大時代裡複雜多面而又精彩紛呈的政治實踐。雖然由於種種客觀限制，我不能在此逐一列出過去十年間每位曾給予我幫助的領導、師長和朋友的名字，我對他們永遠心存感激、銘記不忘。

在本書即將付梓之際，我首先要特別感謝我的博士生導師裴宜理（Elizabeth J. Perry）教授。裴宜理教授不但在十五年前帶領我逐步走上比較政治學研究的大道；而且言傳身教，鼓勵我進行立足田野的中國政治研究，用嚴格的標準和廣博的視野為我指點出第一流學術的門徑堂奧所在。我亦要特別感謝北京大學袁明教授、許振洲教授、潘維教授，中國社會科學院于建嶸教授、陸雷副研究員，國務院發展研究中心趙樹凱研究員和華東理工大學董國禮教授長期以來對我學習、研究和田野調查研究工作的關懷、指導與大力支持。可以說我學術生涯中的每一步，都是在他們無私的指點、提攜和幫助下才走過來的。藉此機會，我謹向各位師長致以最真摯的敬意和謝意。

同時，我要向聯合出版集團文宏武董事長和三聯書店（香港）侯明總編輯對我學術工作的親切關懷和長期支持表示最衷心的感謝。特別感謝三聯書店（香港）顧瑜博士為本書的出版所付出的大量心血；顧博士在長期合作中所展現的一絲不苟的敬業精神和盡善盡美的專業水平，不但使我的學術作品增色，而且也使我本人深受教益。

本書彙集的田野調查研究，原文都是用英文寫就，部分內

容曾在不同國際期刊上發表過;我在香港大學的研究助理劉束舒、李嘉、梁繼平、江維康、李澤昊、陳昊瀚、洪沁和陸趙郢等參加了整理、翻譯和核對這些英文原稿的工作,給我以極大幫助。在過往十餘年田野調查研究中,趙超英、翁鳴、李秀華、王建民、姚增祥、鄧輝等地方領導同志都曾以不同形式給予我重要幫助。在不同階段的田野調查研究中,我的學生研究助理李嘉、江維康、薄天元、袁其昌和陳亞川等都曾出色協助我的實地調研工作。我在香港大學指導的博士研究生夏璐(現任教於中國人民大學)、周凱(現任教於上海交通大學)、辛格(現任教於上海財經大學)及在讀博士生陳瀚諭也在研究生院異常緊張和繁忙的學習生活中為我承擔了不少聯絡協調工作,並參加了在不同地點和不同部門進行的田野調查研究。我謹在此向上述各位表示最衷心的感謝。當然,毋庸贅言,本書中任何觀點及材料上的錯漏均完全由我本人負責。

根據香港大學研究倫理審查部門相關要求,本書中所有涉及到的真實人名、地名等都使用化名代替,註釋中所有可能涉及上述信息的內容也都進行了技術處裡。對此可能引起的閱讀上之不便,謹向讀者朋友們表示歉意。

2016 年,我經批准從香港大學學術休假一年,有幸在哈佛燕京學社(Harvard Yenching Institute)資助下回到母校哈佛大學訪問。在訪問期間,我得以從繁忙的日常教學、科研、行政工作和社會活動中暫時脫離出來,有充裕時間對十餘年的田野調查研

究工作進行深入思考，並將形成的文稿整理成書，呈獻在讀者朋友們面前。在這裡，我亦要衷心感謝哈佛燕京學社和香港大學的相關安排，以及學社職員在我訪美期間所給予的照顧和幫助。

由於本人的學識和水平均屬有限，本書中仍然存在的問題，尚祈廣大讀者不吝指正，以待將來修訂。

閻小駿

2016 年 11 月於香港薄扶林

雜論四則

2009 至 2013 年間，筆者應《南方日報》的邀請，為該報撰寫了一系列政論短文。期間，也受邀為《財經》雜誌寫過一篇短評。這裡選編的是其中的四篇。第一篇短評討論的是現代政府如何提高執行力的問題。第二篇短評討論的是建設責任政府問題。第三篇短評提出要延續過往二三十年間的中國經濟奇跡，有必要加快勞動用工的改革。第四篇短評是在電影《南京！南京！》上映後，有感而發寫就的一篇關於當代青年應當如何面對中日關係中歷史問題的思考。

提高政府執行力四策

經濟快速成長中的國家和地區，如何加強和鞏固政府管治，實現改革、發展和穩定的協調統一，是世界各主要國家都曾面對的重要課題，也是今天發展中世界所面臨的共同挑戰。近年來，通過對發展中國家政府體制的比較研究，國際學術界逐漸認識到，高速發展中的國家和地區要實現長期的繁榮和穩定，關鍵點不在於政府的形式如何，而在於政府的執行能力如何。政府執行能力強，則和諧發展、穩定發展成為可能；政府執行能力弱，則改革、發展和穩定的宏觀和微觀條件都難以得到保證，社會經濟的繁榮穩定只會成為鏡花水月。

政府執行能力，主要體現在政府作為社會和資源的管理者，在維護社會秩序、分配公共資源、推進經濟建設以及調處社

會爭端過程中，依照法定規則和程序進行處理的力度、效率和結果。政府執行能力的高低體現在政府行為是否符合既定的程序與規則、處理過程是否及時有效，以及處理結果在多大程度上符合法律法規和政治決策者的預期。一個具有較高執行能力的政府，其行為必然是規範、有效和可預期的；而一個執行力弱的政府，則會表現出政府行為應對遲緩、缺乏效率、程序不一、過程不透明以及處理結果隨意等特徵。在某些發展中國家和地區，政府執行力低下，還可能引起民眾自我執法以及有組織規避政府監管等情況，甚至出現取代合法政府的強有力的地下權力中心，嚴重影響社會政治的穩定。

從批准一份營業執照申請到完成一次對環境衛生違法行為的行政處罰，現代政府工作千頭萬緒，政府的執行能力也正是體現在這所有的具體行政過程之中。然而，提高政府的執行能力，不僅僅是對各種具體行政審批程序的調整和改善，還涉及到整個政府體系的優化和提高，是一個系統性和全面性的工程。

提高政府的執行能力，首先要求建立現代化的政府工作理念。二十世紀人類政治社會的最大進步，就是實現了傳統的「菁英型政府」到現代的「大眾型政府」這個根本意義上的觀念轉換。現代政府的合法性、認受度、負責性和執行能力都體現在政府能否向民眾提供高品質的公共服務、對民眾訴求能否高效率回應，以及對於社會不滿情緒能否及時妥善地處理和化解。現代政府的執行能力的評價也是建立在各種形式的民意基礎之上。因

而，要提高政府的執行能力，首先要求建設現代化的政府工作理念，其內核就是「服務觀念」、「程序觀念」和「透明觀念」的有機統一。服務觀念，即樹立一切政府行為都是旨在為民眾提供公共服務，從而維護公共秩序和社會公平這一觀念。程序觀念，就是要樹立一切政府審批、政府行為都必須按照向社會公開的程序進行這一觀念——因為程序保障公平。透明觀念，就是要樹立一切政府行為過程都要對當事人保持政策法律法規許可範圍內知情權的觀念，切實保障公共管理行為的透明性。牢固樹立服務、程序和透明這三大觀念，是建設一個現代化、高執行力政府的必備條件。

提高政府的執行能力，關鍵在於建立簡潔高效、決策統一、權責明晰的政府指揮體系。一個簡潔、明晰、有效的指揮系統是現代政府的靈魂。指揮系統的狀況決定了政府決策能不能迅速傳播、執行反應能否高效以及處理結果是否公平。「世界是平的」，而一個有力的政府指揮體系同樣必須層級簡化、儘可能「扁平化」，以縮短情況由下至上和決策由上至下的傳遞距離，減少信息失真。有力的政府指揮體系還必須有統一和集中的決策核心，防止政出多頭。決策的過程既要集思廣益，又要責任分明，做到令出一門、令行禁止。權責明晰即是要在政府行政過程中要有清晰的責任界定，參與決策、執行和監督的所有人員都能夠各司其職、各負其責。符合層級簡潔、決策統一和權責明晰這三個原則的政府體系，必然是執行力強大的政府指揮體系。

提高政府的執行能力，更要求資源配置上對政府的執行部門給予強有力的保障。政府執行能力的提高，要求政府決策核心在人力、財力和物力等資源的分配和保障上，給執行部門以更多的傾斜。在發展中國家和地區，由於資源有限、政策制定成本高等因素，往往在政府財政資源的分配上向政府內部的決策部門傾斜多，而直接面對民眾、直接提供公共服務、直接發揮政府執行力的部門資源不足。資源不足也直接導致很多政府部門重審批、輕管理、輕服務，最終影響的是政府執行力的實現。要建設執行力強大的政府體系，就要著力提高政府執行部門的地位、增加資源配置、轉變工作重心。提高政府的執行能力，還必須投入資源加強對公務員隊伍執行能力的培養和訓練。任何強有力的政府執行系統，最終還是要依靠一支高素質的公務員隊伍來實現。而公務員隊伍的執行能力的養成，需要長期的資源投入，並採取措施真正把這些培訓落到實處。

　　提高政府的執行能力，還必須切實加強對政府執行過程的各種形式的監督。建設具有高度執行力的政府，還必然需要一個與之相適應的監督網絡，從各個向度對政府行政行為的效能進行監督。這既包括政府內部不同層級間的垂直監督考核，也包括政府不同部門之間的互相監督。但建設高執行力的政府更需要重視社會、民意和輿論的監督 —— 特別是利用現代信息技術，縮短政府與民眾的距離，迅速及時地確定社會關注的熱點並作出反應，並正確面對輿論監督。把政府行政行為置於社會輿論和民意

的關注之下，才能真正提高政府行為的透明度，真正做到以民為本、以務實高效為原則進行政府行政，切實提高政府的執行能力。

加強和提高政府的行政執行能力的建設，是二十世紀世界各發展中國家地區總結經驗教訓後的普遍共識，也是廣東省在新的歷史時期改革、發展所形成的寶貴經驗。事實證明，哪個地區的政府行政執行力高，那個地區的經濟發展就快、社會政治就穩、人民滿意度就高、和諧發展和科學發展就能夠扎扎實實得以推進；相反，在政府執行能力薄弱，行政行為低效率、不透明、不公開的地區，經濟社會各項發展就相對落後。建設具有高度執行力的、以發展為導向的現代型政府體制，是改革開放時代對政府自身建設的必然要求，也是在新的歷史時期保證經濟社會又快又好發展的重要保證，值得引起高度重視。

建設責任政府

十一屆三中全會以來的中國改革，實際上是個雙管齊下的過程：第一個較明顯和引起較大關注的過程，自然是通過經濟改革，把原有的計劃體制轉換成充滿活力的開放型市場體制；另一個不那麼引人注目但卻同等重要的過程，則是把原有的集權管治模式，轉換為更適應現代社會、市場經濟和全球化需要的現代政府模式。

如果説前一個過程的目的是發展，後一個過程的目的則是「善治」。這兩個過程發生在不同領域，卻有不少重要的共同特徵，如均從基層起步、重視創新和突破，以及以「摸著石頭過河」著稱的不斷試錯及大膽探索。因此對於第二個過程而言，在中國各地所進行的基層政府改革實驗就顯得尤為重要。

　　過去 30 年，中國改革本身就是在不同地方轉型模式的相互砥礪和競爭中萌發的。但無論從村級選舉到村民代表會，還是從政務公開到民主懇談，猶如萬花筒般的林林總總的地方政府改革，實際上都旨在解決同一個問題，即政府的負責性問題。如果説政府的「賦權」解決權力來源問題，而負責性則解決治理的效率問題。負責性是現代政府治理的關鍵鑰匙。

　　負責性體現的是政府對社會期望的反應程度以及對治理效果所承擔的責任。政府的負責性就像一座橋樑，確立的是現代政府與社會之間的緊密聯繫。政府要按社會的期望制定治理目標，並根據治理的績效接受社會問責。從根本意義上講，負責性的建立是現代政府之所以提供高品質治理的源泉所在。過去 30 年，中國基層政府的改革試驗就是在中國特有的國情、社情和制度背景下，探索以不同形式來增強政府的負責性。無論這些實驗本身是成功還是失敗，它們對未來中國的治理方式轉型和善治的實現都是有益的。例如，基層公推直選從社會授權方面提高政府的負責性，民主懇談則是從提高民眾參與度方面增加政府與社會的聯繫，政務公開和透明通過提高社會的知情程度方面建設政府的負

責性。

條條大路通羅馬。正如麻省理工學院學者蔡曉莉所發現的那樣，選舉民主是建設政府負責性的一種方式，但遠非「唯一」方式。特別是在中國的特殊國情下，各種地方改革試驗實際上為增強政府負責性探索了很多有效的道路。這些不同途徑的政府改革表明，更高的政府負責性不僅有利於公共物品的提供、治理品質的提高，更有利於總體政治的穩定和政權的長治久安。「中國夢」最終實現的很大一個制度保障在於中國政府能否為社會提供高品質的管治，從而為每個人的自由發展創造條件。不斷大膽探索基層治理模式轉型的各種可能性，努力建設高度負責、高度創新和被群眾高度信任的政府，是進一步深化改革的題中應有之義。

繼續「中國奇跡」必須加快用工改革

經過三十多年的改革開放和現代化建設，中國加速度的經濟成長取得了舉世矚目的輝煌成就，成為全球發展歷程中的一個奇跡。目前，隨著經濟改革的進一步深化和群眾收入水平的持續升高，舊有發展模式中蘊含的一些結構性矛盾也開始凸顯，引發一些社會問題。能否適當處理和應對這些結構性矛盾，破除各種層面的阻力積極推動科學發展和產業結構升級，實現發展觀的根本變革，將直接影響到我國在未來幾十年發展的後勁和前景，並

直接決定能否在本世紀最終實現由鄧小平同志提出的「三步走」的戰略目標,不可輕忽。

　　從上世紀七十年代晚期到目前的中國經濟發展的巨大成功,依賴的主要因素之一就是中國豐富的人口資源。大量的農村適齡勞動人口在過去 30 年間,從鄉村來到城市,以較低的工資收入投身到國際產業鏈大生產中,他們是「中國奇跡」的建設者,也是構成中國製造產品在全球市場上無與倫比競爭力的核心要素之一。很多西方學者把過去 30 年中國的經濟高速增長稱作是建立在所謂「人口紅利」基礎上的增長模式 —— 從勞資關係上說即所謂「低工資、低福利、高速度、高增長」的兩低兩高形態。然而,必須清醒地認識到,這種依靠人口紅利的發展道路乃是根植於當年城鄉收入水平的暫時鴻溝、使大量農村青年願意以較低的工資水平加入到現代化大生產中。這樣,大量實際並無技術內涵的「三來一補」初級加工企業能以極低的工資支出、低廉的管理成本投入到國際競爭中去,並產生可觀的比較優勢,造就了一個又一個的「神話」和「奇跡」。隨著經濟、社會的進一步發展,這樣的發展道路是不具有可持續性的。

　　今天,隨著改革開放的繼續深入,無論是世界還是中國的經濟格局都有了根本性的變化。隨著「反哺」政策的逐漸落實,農業生產的報償率和農村人口的收入水平、福利水平已經有了翻天覆地的可喜變化,城鄉收入鴻溝和生活水平差距在逐漸縮小,從農村走出來的年輕人對城市工作的回報的預期也在不斷上

升中。隨著義務教育進一步在農村地區的普及，廣大農村地區的 80 後、90 後年輕人已經受過較完整的教育，他們的想法與思維已經與八十年代初的第一代「外來民工」有了本質的變化。特別是互聯網技術的迅速推廣，新一代農民工早已不是當初與世隔絕、從封閉的鄉村來到城市的「打工仔」、「外來妹」；相反，他們中的不少人在來到城市之前早已經擁有與外部世界更加緊密的聯繫，以及現代化的思維方式和生活方式。新一代的農民工逐漸開始把自己看作城市、工廠的一分子，有了更多的融入感，希望憑藉自己的辛勤工作成為現代城市的一員，而摒棄第一代民工賺點錢就回鄉蓋房子的「臨時工思想」，所以他們對工作場所的不公義的耐受度相應較低、對於待遇福利和社會參與的期望不斷上升、對於城市認同感的要求不斷加強。更重要的是，未來 10 年間，獨生子女一代的到來和人口紅利的逐漸消解，將使新的農民工群體贍養老人的負擔進一步增大，也使得他們對工作場所薪酬福利的要求會有所提高。

從世界來看，當代經濟的發展已經愈來愈以知識和信息為核心。與改革開放初期不同，目前在全球生產鏈中，簡單、重複勞動生產的價值比重在不斷降低。世界上最盈利的公司，不再是依靠人海戰術進行初級裝配生產的工廠，而是那些有設計能力、創新能力的知識經濟公司。今天，是否掌握核心技術、能不能發展創新能力，已成為二十一世紀產業是否成功的基本要求。在 20 年前單靠簡單初級加工和低廉人力資源就可以獲勝的代工工

廠，如果今天不能逐漸掌握屬於自己的創新技術、不能創造出屬於自己的核心產品、不能因應時勢進行產業的升級和改造，那麼它們在國際產業分工中的地位定會不斷下降。如果固守依靠廉價勞動力在全球產業鏈中競爭的理念而不求變革，最終有可能被知識經濟時代所拋棄。

最近幾年出現的珠三角「民工荒」和愈來愈多工人要求改善薪酬待遇的呼聲，都已清楚說明單單依靠超級廉價勞動力、依靠初級加工為主的傳統發展模式，已經逐漸不能適應目前中國經濟和社會結構進一步發展的需要。在上個世紀七十至八十年代，世界上不少發展中國家都曾面臨這樣的轉型壓力。不少拉美國家囿於政治爭拗和市場失靈，固步自封，沒有成功實現初級製造業和勞動密集型產業的轉型，而錯失發展時機，引發社會動盪，最終跌入「拉美化」的泥坑。而東亞國家如韓國、日本，在強有力的國家干預和政府扶植下，以較短的時間確定了產業結構升級的目標戰略和具體政策，並積極落實，成功實現了從新興工業國家到發達或比較發達國家的跳躍，保持了政治社會的總體穩定。這其中的反差值得深入思考。

當前，傳統的、以依靠廉價勞動力為基礎的發展模式所凸顯出的諸多問題說明，我國、尤其是廣東省的發展已經進入了一個關鍵時刻。進一步加快產業結構調整的步伐、加快社會管理特別是勞動用工和戶口管理體制的改革，實現科學發展，當是實現下一步發展目標的重中之重。解決各種新舊矛盾的成敗關鍵就在

於能否破除各種阻力、堅決徹底地實現產業結構和社會發展模式的成功升級。政府、社會和勞資雙方，都應在這個問題上凝聚共識，共同努力，儘快貫徹落實各項戰略決策，實現經濟既快又好的良性發展和保持社會的和諧穩定。

青年一代應直面並超越歷史

暮春四月，由陸川執導的抗日戰爭題材影片《南京！南京！》橫掃大江南北，在神州大地上引起普遍的共鳴和迴響；這其中，有仇恨，有眼淚，有人性的感悟，也有對民族歷史的沉重思考。

影片《南京！南京》通過簡單的黑白基調所傳遞的 1937 年那個冬天的南京意象，將國仇家恨、暴力與愛情、人性的泯滅與覺醒濃縮其間，黑暗、沉重且繁複，無疑觸動了無數中國人心靈最深處的那根琴弦。 一個災難深重的民族，如何對待歷史？這是一個多世紀以來縈繞在中國人心中揮之不去的疑問。

《南京！南京！》無疑冷靜而又殘酷地掀開了中華民族歷史上最脆弱的傷口，迫使我們去直面那些沉重卻又不得不面對的過往，並引發我們對這個問題的新一輪思考。從 1895 年中國戰敗於甲午海戰到 1937 年日軍在南京的燒殺搶掠，從鴉片戰爭的隆隆炮響打開中國的海岸線到 1900 年八國聯軍攻陷北京，近代史對於中華民族來說實在是太慘烈、太屈辱；而這往往讓出生、成

長於改革開放年代，成家立業於大國崛起進程之中的中國年輕一代在閱讀自己民族歷史的時候懷著種種難以名狀的不安、逃避、彷徨和不知所措，以至於西方中國學者常常把甲午之後的近現代中華民族的集體認同歸結為所謂「受害者心理」，並認為這是解釋中國近現代史上一系列內政外交領域的政治與社會現象的關鍵因素。

以受害者心理為基礎的歷史觀，常常讓我們變得脆弱與無助，並漸漸集體失去了直面、正視以及冷靜反思歷史的勇氣 —— 我們的神經變得脆弱，我們的思維有時混亂，我們的脾氣變得暴躁，我們集體不高興，而熱血沸騰的激情表達往往取代了對於歷史的理智思索和對體現在歷史之中的人性的自由探尋。

然而，經驗早已表明：一個大國的崛起，往往是以對本民族歷史傷痛的重新認識而開端；而大國最終走上怎樣的崛起道路，也通常取決於對本民族的歷史傷痛以怎樣的方式加以認識和再認識。第一次世界大戰後，德國社會普遍認為潰敗的德意志是舊有國際秩序的受害者，加上戰勝國在賠償問題上的過分高壓，使得極端日爾曼民族主義情緒在德國被激化，最後導致了納粹主義的藉機上台。當民主制的魏瑪共和國死亡後，德國義無反顧地走上了以極端民族主義為基礎、以軍國主義擴張為手段的崛起道路，而包括德國人民在內的世界人民在幾十年間不得不遭受另一次世界大戰的浩劫。第二次世界大戰後，再一次戰敗的德國終於拿出了理性認識歷史的勇氣和智慧，用全新的視角反思德意志民

族在二十世紀的兩次戰爭創痛，最終確立了根除軍國主義、建設市場經濟、建立現代政治文明等制度層面的基本國策，並在短短的二三十年裡重新躋身於世界先進國家俱樂部，不但成為歐洲一體化的發動機之一，而且成為保衛世界和平的重要力量。

面對一百年來的歷史創傷，《南京！南京！》好就好在用既直接又深刻的方式為我們提供了一個以新的角度認識歷史的機會和窗口 —— 它沒有簡單地渲染屠殺的殘酷或者戰爭的暴虐，甚至沒有單純地用受害者與加害者的二分法來講述歷史；相反，它從歷史的緯度，從人的角度，讓我們有勇氣在人性的層面上正視中華民族曾經在歷史上經受過怎樣的凌辱，每一個平凡的中國人又怎樣在這過程中用各自的方式抵抗侵略與互相支援；以及無數個人的良知、道德與靈魂，如何在戰爭的血與火中被拷問、被淬煉，並被昇華。但更重要的是，它促使我們冷靜思考，為了避免歷史在未來重演，我們的民族在二十一世紀究竟應該選擇怎樣的崛起道路、建設一個怎樣的現代文明國家、以及如何用制度確保我們以及我們的孩子都能永遠生活在和平幸福之中。

因此，正視歷史是擺在當代中國青年一代面前的重大課題。這裡，我們既需要直面歷史的勇氣，更需要有大智慧的歷史觀。處於歷史上受害者一方的我們，在被血腥、殘酷而屈辱的畫面集體震撼的同時，不妨有更深層次的思考：打敗我們的是誰？我們為甚麼輸？我們怎樣才能贏？1895 年中國在甲午海戰戰敗後，我們的先輩曾在巨大的歷史屈辱下保持了十分清醒的頭腦，

提出了「以日為師」的口號。一個堅強的大國，在被敵人暫時打倒之後，不是自怨自艾，也不是以受害者的心態培育極端民族情緒，而是動員國民、特別是知識階層，要開動腦筋，向強大的敵人學習：學習他們的先進科技，學習他們的現代文化，更要學習他們制度中有益於我們自己的文明成果 …… 甲午之後的「以日為師」運動是我們的前輩對甲午戰爭進行冷靜的歷史反思的結果，它實實在在地促成了中國在上個世紀之交文化、實業、社會和制度各個層面現代化運動的開端。

作為二十一世紀的中國年輕一代，直面歷史的目的無疑在於超越歷史。面對歷史的傷痕，我們不僅僅需要簡單的情緒宣洩或者熱血沸騰，更需要在科技、文化、制度的層面尋找民族屈辱的原因，並因此堅定對我們已經選擇的道路的強大信念。對民族的集體傷痛與屈辱的反思，對於民族歷史有智慧的正視，將成為中國在新的世紀騰飛的新起點，也將會成為所有中國人自尊、自信和自強的最堅固的精神基石。1937 年的南京所留給我們的，不會盡是傷痛，而會是青年一代建設一個更加富強、民主、文明的美好中國的信心和決心。

作者簡介

閻小駿，哈佛大學政治學博士，北京大學法學學士、碩士。現任香港大學政治與公共行政學系副教授，主要從事當代中國政治及比較政治制度研究。2012 年，閻小駿博士獲全球中國研究權威學術期刊、英國《中國季刊》（*The China Quarterly*）年度最具原創性論文獎。同年入選香港特別行政區研究資助局首屆傑出青年學者計劃。2013 年獲香港大學傑出教學獎。其首部中文專著《香港治與亂：2047 的政治想像》榮膺《亞洲週刊》2015 年度十大中文好書（非小說類）。

閻小駿博士目前出版的中文專著包括：《香港治與亂：2047 的政治想像》之繁簡體版分別由三聯書店（香港）和人民出版社出版，《當代政治學十講》之繁簡體版分別由香港中文大學出版社和中國社會科學出版社出版。

三聯學術文庫

叢書策劃編輯	顧　瑜
責任編輯	陳多寶
書籍設計	吳冠曼

書　　名	中國何以穩定：來自田野的觀察與思考
著　　者	閻小駿
出　　版	三聯書店（香港）有限公司
	香港北角英皇道 499 號北角工業大廈 20 樓
	Joint Publishing (H.K.) Co., Ltd.
	20/F., North Point Industrial Building,
	499 King's Road, North Point, Hong Kong
香港發行	香港聯合書刊物流有限公司
	香港新界荃灣德士古道 220-248 號 16 樓
版　　次	2017 年 5 月香港第一版第一次印刷
規　　格	大 32 開（140 × 210 mm）288 面
國際書號	ISBN 978-962-04-4118-9